Lost & Dark Places
Schweizer Alpen

In den Ruinen eines ehemaligen Heilbads direkt an der italienischen Grenze kann man noch immer baden. (Kapitel 14)

Oliver Zwahlen

Lost & Dark Places SCHWEIZER ALPEN

33 vergessene, verlassene und unheimliche Orte

BRUCKMANN

↑ Das Sanatorio del Gottardo von der Straße aus gesehen (Kapitel 10)

↓ Im Bahnhof Mesoco halten schon lange keine Züge mehr. (Kapitel 16)

↘ Beim Bau der Brücke über die Schöllenenschlucht hatte der Teufel die Finger im Spiel. (Kapitel 30)

INHALT

33 LOST & DARK PLACES

↑ Der unkontrollierte Abbau von Schiefer führte in Elm zu einer Katastrophe. (Kapitel 26)
↗ Dem Himmel ganz nah: Fenster in der Kirchenruine San Gaudenzio (Kapitel 20)

VORWORT

Die Schweiz ist für Urban Explorer kein leichtes Pflaster. Hohe Grundstückspreise sowie strenge Umwelt- und Stadtbildauflagen sorgen dafür, dass verlassene Gebäude selten lange dem Verfall überlassen werden. Die Schweiz mag es aufgeräumt und hat auch das nötige Kleingeld, »Schandflecken« schnell verschwinden zu lassen. Was nicht benötigt wird, wird in der Regel rasch abgerissen oder in eine neue Nutzung übergeführt.
Natürlich – und die Leser dieser Reihe werden wahrscheinlich sagen »zum Glück« – gelingt das nicht immer. Vor allem in den strukturschwächeren Randgebieten erlebt man hier und da durchaus noch den Charme des Zerfalls hautnah. Besonders häufig dabei sind verlassene Tuberkulose-Kliniken wie zum Beispiel das Gotthard-Sanatorium (Kapitel 10) oder ähnliche Betriebe in Leysin und Medoscio, die aufgrund von medizinischen Fortschritten innert kurzer Zeit ihre Daseinsberechtigung verloren haben und in Gegenden stehen, die kaum andere Nutzungen zulassen. Vieles hat sich auch durch den Straßenbau gewandelt. An mehr als einer Stelle brachen mit besseren Verbindungswegen lange funktionierende Geschäftsmodelle zusammen. Ganze Täler gerieten so in Vergessenheit.

Hier schossen italienische Faschisten auf fliehende Partisanen. Die »Schlacht von Craveggia« gilt als einer der schwersten Zwischenfälle an der Schweizer Außengrenze während des Zweiten Weltkriegs. (Kapitel 14)

Eine Knappheit an düsteren Orten gibt es aber trotzdem nicht, weil die Bergregionen regelrecht vor schaurigen Sagen strotzen. Seien das brutale Rachegeschichten wie beim Schloss Schwanau (Kapitel 28) oder die Schuldgefühle eines Rabenvaters wie bei der Kindlimord-Kapelle (Kapitel 27). Freunde des leichten Schauderns finden auf den nächsten rund 160 Seiten allerdings auch historische Mordschauplätze und Richtstätten, in Blut getränkte Schlachtfelder und Denkmäler für längst vergessene Heldentaten.

Besucht habe ich in den vergangenen zwölf Monaten, während denen ich an diesem Buch schrieb, natürlich deutlich mehr Orte. Bei der Auswahl habe ich einerseits auf eine gute thematische Durchmischung geachtet. Zum anderen wollte ich, dass sie mit vernünftigem Aufwand zu erreichen sind und man auch tatsächlich etwas sehen kann. Bei den eigentlichen Lost Places habe ich mich auf solche beschränkt, die wiederholt in der Presse waren. Ein Buch wie dieses ist immer eine Momentaufnahme. Manches verschwindet, Neues kommt hinzu. Die 33 Geschichten in diesem Büchlein sollen deswegen nicht nur eine Inspiration sein, spannende Flecken jenseits der klassischen Sehenswürdigkeiten zu besuchen, sondern vielleicht auch eine Motivation, selber nach interessanten düsteren Plätzen zu suchen. Es gibt noch viel zu entdecken. Auf geht's!

Zum Schluss noch ein Wort zur Orthografie: Grundsätzlich verwende ich die deutsche Rechtschreibung, belasse allerdings Schweizer Eigennamen in der originalen Schreibweise.

Die Burgruine Carniec gehört zu den Dingen, die man an den Polenwegen entdecken kann. (Kapitel 19)

VERHALTENSREGELN FÜR LOST PLACES

1. Behandeln Sie die Orte mit Respekt

Jedes Bauwerk und jedes Gebäude erzählen eine Geschichte aus vergangenen Tagen. Dies gilt es zu schützen. Und auch wenn es teilweise nicht so aussieht, aber jeder dieser Lost Places hat einen Eigentümer. Das sollte respektiert werden. Das beinhaltet vor allen Dingen, dass nichts zerstört oder gewaltsam geöffnet wird. Sind Fenster oder Türen verschlossen, sollte das auch so bleiben. Gehen Sie respektvoll mit dem Ort um.

2. Nehmen Sie nichts mit, lassen Sie nichts da

Wenn Sie etwas von einem Lost Place mitnehmen, und sei es noch so klein, ist es Diebstahl. Wie bereits in Punkt 1 gesagt, alle diese Orte haben einen Eigentümer. Daher gilt die Regel: Alles bleibt, wie es ist. Belassen Sie es bei den schönen Einblicken und Fotos, die Sie an dem Ort machen. Gleiches gilt auch umgekehrt: Lassen Sie nichts liegen. Keine Essensreste, keine Kaugummis, keine Kippenstummel.

3. Rauchen verboten

Das bringt uns zum nächsten Punkt: Rauchen verboten. Zollen Sie dem ehrwürdigen Ort Respekt und verzichten Sie für die Zeit, die Sie da sind, auf das Rauchen. Kippenstummel brauchen nicht nur 15 Jahre zum Verrotten (sie sollten übrigens nirgends achtlos weggeworfen werden), sondern können schnell ein Feuer verursachen.

4. Keine Graffiti

Dass Sie nichts hinterlassen sollen, gilt auch für Kunstwerke an den Wänden. Man sprüht einfach nicht auf fremdes Eigentum, sei es noch so schön. Lassen Sie die Wände wie sie sind, sodass auch noch Menschen nach Ihnen den Ort so erleben können, wie er früher einmal war.

5. Seien Sie vorsichtig

Vorsicht ist besser als Nachsicht. Das gilt vor allem bei Lost Places. Marodes Holz, verrostete Geländer, einsturzgefährdete Decken, lockere Böden (teilweise befinden sich noch Kellergeschosse darunter), eingeschlagene Fenster – die Liste der Gefahren solcher Orte ist lang. Seien Sie daher immer wachsam. Begeben Sie sich niemals in Gefahr für das eine Foto. Das ist es nicht wert. Treppen und obere Etagen sind eine gängige Gefahrenquelle. Schauen Sie sich den Zustand der Treppe und der Decke genau an. Nehmen Sie auch eine Taschenlampe für dunkle Räume und Keller mit.

6. Gehen Sie nicht allein

Es ist ratsam, immer mindestens zu zweit, besser noch zu dritt, einen Lost Place zu

Viele verlassene Orte kann man problemlos betreten wie etwa die Kirchenruine San Gaudenzio. (Kapitel 20)

Verlassenes Haus in Prada. Hat wirklich die Pest alle Bewohner des Tessiner Dorfs hingerafft? (Kapitel 11)

besuchen. Da gilt die alte Regel: Ist eine Person verletzt, bleibt die zweite vor Ort und die dritte holt Hilfe. Zudem weiß man nie, wen man vor Ort trifft. Plünderer, Spinner und betrunkene Jugendliche sind auch oft in Lost Places anzutreffen. Da ist es beruhigender, nicht allein unterwegs zu sein.

7. Erregen Sie kein Aufsehen

Da viele Lost Places in Privatbesitz sind, gilt hier »Betreten verboten«. Auch, wenn das Tor angelweit aufsteht oder ein riesiges Loch im Zaun ist. An Orten, an denen das Zugangsrecht nicht ganz klar ist, ist es ratsam, sein Auto nicht direkt vor dem Gelände zu parken. Schauen Sie beim Betreten des Geländes auch immer, dass Sie niemand sieht. So vermeiden Sie unerwünschte Begegnungen und mögliche Konfrontationen mit der Polizei.

Ausrüstung

Wir empfehlen Folgendes:
- Festes Schuhwerk, hohe Socken (Schutz vor Zecken)
- Reißfeste Kleidung, ggf. leichte Regenjacke
- Kamera inkl. Zusatzakku, Speicherkarten, Stativ
- Proviant und Getränke (nehmen Sie aber alles wieder mit)
- Kopf- oder Stirnlampe für freie Hände
- Taschenlampe mit weitem Winkel für Keller und dunkle Räume
- Taschenmesser
- Aufgeladenes Handy (ggf. Powerbank)
- Notizblock und Stift
- Pflaster und Taschentücher für Verletzungen
- Mücken- und Zeckenspray

Kamin in ehemaliger Schokoladenfabrik (Kapitel 13)

Verlassene Ski-Lifte sind in den Bergkantonen keine Seltenheit. (Kapitel 2)

WALLIS

1

»KRAFTPLATZ VOR MALERISCHER KULISSE«

Das Ölkraftwerk Chavalon

Das einzige Schwerölkraftwerk der Schweiz war einst der Stolz der hiesigen Energieversorger. Heute gilt die teilweise rückgebaute Industrieruine am Rand eines Naturschutzgebiets als Problemfall. Umweltauflagen und eine schwer zugängliche Lage machen eine Umnutzung praktisch unmöglich.

Ort Wärmekraftwerk Chavalon, 1896 Vouvry, **GPS** 46.345797, 6.878252
Anfahrt **ÖV:** Ab Bahnhof Vouvry mit Bus 131 bis Station Miex, Plan du Chêne, dann 20 Minuten zu Fuß. **Auto:** Ab Vouvry zunächst Schildern Richtung Tanay folgen, dann Straße nach Chavalon nehmen. Parkmöglichkeiten vorhanden.

Nur noch das Stahlgerüst der früheren Kühltürme ist übrig geblieben.

VON WEITHER SICHTBAR Ob das ehemalige Wärmekraftwerk Chavalon tatsächlich die am malerischsten gelegene Industrieruine der Schweiz ist, wie manche Urbexer raunen, darüber lässt sich streiten. Die Lage auf dem natürlichen Sattel rund 450 Meter über der Gemeinde Vouvry spricht aber immerhin dafür. Wer vor den vier halb demontierten Kühltürmen, dem blauummantelten Betriebsgebäude und dem 120 Meter hohen Schornstein steht – übrigens einem der höchsten der Schweiz –, hat jedenfalls eine unglaubliche Rundumsicht, die alleine den Besuch rechtfertigen würde. In die eine Richtung blickt man tief ins Rhonetal hinein, in die andere auf den nahe gelegenen Genfer See.

ZWEI FLIEGEN AUF EINEN STREICH

Diese Lage ist natürlich kein Zufall, sondern hängt mit der Entstehungsgeschichte des Kraftwerks zusammen. In den früheren 1960er-Jahren sah sich die Schweiz mit dem Problem konfrontiert, dass sie vom Import petrochemischer Fertigprodukte abhängig war. Um Abhilfe zu schaffen, wurde 1963 eine rund 350 Kilometer lange Pipeline verlegt. Die »Oléoduc du Rhône« pumpte fortan Rohöl von Genua durch den Grossen St. Bernhard-Tunnel und das Val d'Entremont nach Collombey, wo es in einer größeren Raffinerie veredelt wurde. Dabei entstanden allerdings nicht nur die dringend benötigten Treibstoffe, sondern als Abfallprodukt auch Schweröl. Dieses in einem Wärmekraftwerk zu verbrennen, lag auf der Hand, zumal sich bei der Stromversorgung ohnehin ein Versorgungsengpass abzeichnete.

Graffitis zeigen, dass der Ort bei Urbexern nicht ganz unbekannt ist.

SCHWIERIGE STANDORTSUCHE Weil im engen Tal die Schadstoffe kaum entweichen konnten, erwies sich die Suche nach einem geeigneten Standort für das Kraftwerk als herausfordernd. Kaum war das Bauprojekt öffentlich aufgelegt, gingen nicht weniger als 39 Einsprachen ein. Im Verlaufe der Planungen wurden die unterschiedlichsten Lösungsvorschläge diskutiert und als nicht praktikabel verworfen. Einer der spektakulärsten wäre der Bau eines 300 Meter hohen Kamins gewesen, was jedoch vom Bundesamt für Zivilluftfahrt abgelehnt wurde. Je länger die Diskussionen anhielten, desto mehr zeichnete sich ab, dass ausschließlich ein Bau in der Höhe infrage kommt. Nur so war es möglich, die Emissionen oberhalb der winterlichen Inversionswanne auszustoßen. In Betrieb genommen wurde Chavalon schließlich im September 1965.

TOD DURCH ÖLKRISE Obwohl die Auslastung in den ersten Jahren hoch war, stand der Betrieb des Kraftwerks insgesamt unter keinem guten Stern. Verantwortlich dafür waren vor allem die Ölkrisen in den 1970er Jahren, die den Preis von zunächst rund 3 auf 15 Dollar pro Fass, 1979 dann sogar auf bis zu 35 Dollar klettern ließen. Wegen der ausufernden Produktionskosten gingen die Kraftwerkbetreiber dazu über, die Anlage nur noch im Winter zu betreiben, wenn die Nachfrage besonders hoch war. Langfristig änderte jedoch auch dies nicht daran, dass das Kraftwerk rote Zahlen schrieb. 1999 zog die Betreiberfirma die Notbremse und nahm Chavalon vom Netz. Seither wird darüber gestritten, wie es mit dem Bau weitergehen soll. Die abgelegene Lage, die einst ein Standortvorteil war, entpuppte sich derweil als Herausforderung. Das am weitesten gediehene Projekt, ein Umbau in ein modernes 400-Megawatt-Gaskraftwerk, scheiterte an Umweltauflagen, die die Nutzung der Abwärme zwingend vorschrieben. 2017 wurden die Pläne endgültig aufgegeben und das Gebäude sich selbst überlassen. Aussichten auf eine andere Umnutzung bestehen kaum noch. Ein vollständiger Rückbau des Kraftwerks wird immer wahrscheinlicher.

ZUTRITT VERBOTEN! Leider lässt sich das Kraftwerk ausschließlich von außen besichtigen, Führungen durch die Anlagen gibt es

Ein Urbexer fotografiert ehemaliges Verwaltungsgebäude beim Ölkraftwerk Chavalon.

nicht. Allerdings zeigen die vielen Graffiti, die auf den kahlen Betonwänden der Kühltürme aufgetragen wurden, dass sich nicht alle Besucher von den Verbotsschildern und teilweise auch den Videokameras abhalten lassen. Die gespenstige Stimmung ist jedoch auch von außen gut spürbar und wer unbedingt einen Blick ins Innere werfen will, findet nach einigem Suchen im Netz auch das eine oder andere Foto vom Kontrollraum.

Das besondere Erlebnis

Wer in Chavalon ist, hat bereits einen großen Teil der Strecke zum Lac de Tanay zurückgelegt. Der knapp einen Kilometer lange und 300 Meter breite Bergsee lässt sich ab Miex in etwa 45 Minuten zu Fuß erreichen. Als Amphibienlaichgebiet von nationaler Bedeutung steht es unter Umweltschutz und gehört zu den schönsten Gewässern der Schweiz.

Trotz hervorragender Schneebedingungen läuft im Skigebiet Super Saint Bernard schon lange nichts mehr.

2

ALLES FÄHRT SKI … NUR NICHT MEHR HIER

Das Skigebiet Super Saint Bernard

Die Hoffnungen waren groß, als in den 1960ern in der hintersten Ecke des Val d'Entremont ein Skigebiet eröffnet wurde. Mit nur zwei Liften war es allerdings zu klein, um bestehen zu bleiben. Heute ist die Talstation der ehemaligen Seilbahn ein spannender Lost Place.

Ort Super Saint-Bernard, Passstraße, 1946 Bourg-Saint-Pierre **GPS** 45.900422, 7.196227
Anfahrt **ÖV:** Mit Regionalbahn bis Orsières, anschließend mit Bus 210 bis Bourg-St-Bernard. Wenige Verbindungen, unbedingt Fahrplan konsultieren! **Auto:** Schnellstraße Richtung Aosta und kurz vor dem Grossen St. Bernhard-Tunnel auf die Passstraße ausfahren. Gebäude gut sichtbar.

AN DER ALTEN PASSSTRASSE Wer auf der Schnellstraße vom Wallis ins benachbarte Aostatal fährt, ahnt meist nicht, dass sich nur wenige Meter über der Tunneldecke die Überreste eines stillgelegten Ski-Gebiets befinden. Um es zu erreichen, muss man kurz vor der Einfahrt in den Grossen St. Bernhard-Tunnel auf die alte Passstraße abfahren. Dann aber stößt man bereits nach wenigen Metern auf einen gelb-orange gestrichenen Betonklotz. »Café-Restaurant«, verkündet darauf ein Schriftzug, dessen teilweise abgefallene Buchstaben von Weitem verraten, dass schon eine Weile nicht mehr an eine Einkehr zu denken ist.

PARADIES FÜR FREERIDER In guten alten Zeiten konnten die Wintersportler hier bei einer heißen Schoggi dem Winter trotzen oder sich mit einfachen Mahlzeiten stärken, bevor sie auf der Rückseite des Gebäudes in eine der grauen Gondeln stiegen und die rund 800 Höhenmeter zum Col de Menouve hochfuhren. Zwar gab es direkt hinter dem Hauptgebäude auch einen Schlepplift für weniger geübte Fahrer – sein grünes Kassenhäuschen steht übrigens noch immer –, doch wer die Mühe auf sich nahm, in diese hinterste Ecke des Val d'Entremont zu reisen, suchte meist das Abenteuer auf den unpräparierten, hochalpinen Pisten. Zudem boten die zahlreichen Abfahrtsvarianten vom 2772 Meter hohen Gipfel Freeridern eine Abwechslung, die für ein derart kleines Skigebiet eher selten ist. Wer nicht direkt ins Tal sausen wollte, konnte oben bei der Bergstation durch einen kurzen Skitunnel in ein Nebental gelangen, wo die Piste am Hospiz auf dem Grossen St. Bernhard vorbeiführte. Noch heute schwärmen manche Skisportler von der dritten Abfahrtsvariante auf der Rückseite des Berges bis nach Etroubles in Italien, von wo aus man allerdings nur mit dem Bus durch den Tunnel wieder an den Anfangspunkt zurückkam.

VERFALL UND VERGÄNGLICHKEIT Umso größer ist der Kontrast, den das Hier und Jetzt bietet. Es sind weniger die eingeschlagenen Fensterscheiben, der mit Scherben und Unrat übersäte Boden oder die Graffitis, die das Herz von Urbexern höherschlagen lassen, sondern vielmehr die vielen kleinen Reminiszenzen an die Vergangenheit. An den Wänden kleben noch immer vereinzelt Werbeplakate, im Büro liegt neben einem Faxgerät mit zertrümmerter Abdeckung ein aufgeschlagener leerer Ordner. An einer Stelle drückt der Schnee in den ehemaligen Gästeraum. Wohin man auch blickt, ist unschwer zu erkennen, dass die Aufgabe des Skigebiets für alle Beteiligten überraschend gekommen sein muss. Einzig das Seil, das zur Bergstation

Die noch vorhandene Elektronik beim Skilift lässt auf eine überhastete Aufgabe schließen.

führte, musste vor ein paar Jahren aus Sicherheitsgründen entfernt werden. Wo die Gondeln früheren einmal hochfuhren, zeigen die einsamen Pfeiler aber noch immer. Die nur sehr schwer zu erreichende Bergstation soll in einem besseren Zustand sein.

GROSSE SKITRÄUME Dabei waren die Hoffnungen anfangs groß. In den frühen 1960er-Jahren kamen nämlich zwei Faktoren zusammen: Zum einen wurde mit dem Grossen St. Bernhard-Tunnel erstmals eine wintersichere Verbindung nach Italien geschaffen und damit die Region sowohl von der Schweiz als auch von Italien aus erschlossen. Gleichzeitig entwickelte sich das Skifahren zum Volkssport mit schier unbegrenzt scheinendem Wachstumspotenzial. Überall im Land entstanden neue Skigebiete. Es ist kein Zufall, dass der Schlagersänger Vico Torriani 1963 ausgerechnet mit dem Titel »Alles fährt Ski« den Nerv der Zeit traf. Nach einigem Hin und Her entschied man sich aufgrund der Topografie für den Bau der Anlage etwas außerhalb vom Dorf Bourg-Saint-Pierre – zumal ähnliche Konzepte zuvor in Frankreich sehr erfolgreich waren. 1964 wurde das Gebiet schließlich unter dem Namen Super Saint Bernard eröffnet. Obwohl das Medienecho riesig und die Wintersportler von den Schneeverhältnissen begeistert waren, zeigten sich bald die Grenzen des Konzepts. Da Hotels, Restaurants und Geschäfte vor Ort fehlten, zog Super Saint Bernard statt Urlauber vor allem Tagesgäste an, die vergleichsweise wenig Geld ausgaben. Wichtige Erneuerungen wurden jahrelang aufgeschoben. Als das Bundesamt für Verkehr von den Betreibern verlangte, die Seilbahn auf den technisch neuesten Stand zu bringen, versuchte man zunächst, die rund eine Million Franken für die Sanierung mit einer Spendenaktion aufzubringen. Nachdem das nicht gelang, entzogen die Behörden im Dezember 2010 den Betreibern die Konzession. 13 Angestellte der Bergbahnen und des Restaurants verloren ihre Arbeit. Seither ist in Super Saint Bernard die Zeit stehen geblieben.

Nur die Stahlseile wurden vor einigen Jahren aus Sicherheitsgründen entfernt.

DAS GROSSE LIFTSTERBEN Dies ist allerdings kein Einzelfall. Die Alpen sind voll von stillgelegten Liften und Pisten. Mehr als vierzig Prozent aller jemals eröffneten Skigebiete seien wieder verschwunden, fand der deutsche Skigebietsforscher Christoph Schuck heraus. Nicht nur die steigenden Temperaturen machen den kleineren Skigebieten zu schaffen, sondern auch die schwin-

Blick ins weitgehend zerstörte Restaurant in der Talstation

dende Lust der Bevölkerung, auf die Bretter zu steigen. Immer weniger Anbietern gelingt es, profitabel zu sein. Aufgegebene Bergbahnen müssten gemäß Seilbahngesetz rückgebaut werden. Doch der Abriss im bergigen Gelände, für den häufig Hubschrauberunterstützung benötigt wird, ist kostspielig. Wenn die Betreiber bei der Aufgabe bereits insolvent sind, geht die Pflicht an die Gemeinden über. Diese wiederum hoffen oft darauf, dass doch noch ein zahlungskräftiger Investor kommt und die Anlage erneut in Schuss bringt. Auch im Gebiet Super Saint Bernard gab es seit der Stilllegung immer wieder Vorschläge für Nachnutzungen. Über frühe Planungen kam bisher jedoch kein Projekt hinaus. Das ausgesprochen hoch gelegene und eher schattige Super Saint Bernard hat allerdings die Zeit auf seiner Seite: Trotz Klimawandel dürften die Schneebedingungen hier noch eine Weile gut bleiben.

Das besondere Erlebnis

Das Ski-Gebiet beherbergt einen weiteren, kaum bekannten Lost Place. Was viele nicht wissen: Fast genau hundert Jahre vor der Eröffnung des Grossen St. Bernhard-Tunnels war bereits einmal eine wintersichere Straßenverbindung geplant worden. Der rund 2,3 Kilometer lange Menouvetunnel sollte auf einer Höhe von 2307 Metern direkt unter dem Gipfel des Becs Noir in den Berg führen. Doch kurz nachdem 1856 mit den Arbeiten begonnen wurde, kamen die Schweiz und Italien überein, stattdessen die Simplonstrecke auszubauen. Der zu dieser Zeit erst 39 Meter tief ausgebrochene Tunnel wurde sich selbst überlassen und ist noch immer erhalten. Man findet ihn nach einigem Suchen auch problemlos. Das Portal sollte man allerdings nur von außen besichtigen, da es einsturzgefährdet ist.

3

ALLEINE AM ENDE DER WELT

Die Einsiedelei Longeborgne

»Die Tür steht offen, das Herz noch mehr«, begrüßt eine Inschrift über dem Eingang zu einer der letzten bewohnten Einsiedeleien die Besucher. Der Wallfahrtsort in einem wilden Seitental der Rhone ist ein Ort des Friedens und der Spiritualität.

Ort Notre-Dame de Longeborgne, 1967 Bramois **GPS** 46.223967, 7.409362
Anfahrt **ÖV:** Ab Bahnhof St-Léonard mit Bus 414 Richtung Sion, poste/gare bis Bramois, Cassières und zu Fuß ins Borge-Tal. **Auto:** Auf der Autobahn A9 bis Sion Est und auf Route d'Hérens Richtung Val d'Hérens. Links auf Route de Bramois abbiegen und bis zum Fluss Borge fahren. Von hier aus rund 30 Minuten zu Fuß.

Die ursprünglichen Höhlen der Einsiedelei wurden über die Jahrhunderte immer wieder erweitert.

UNSERE LIEBE FRAU Wer von Bramois der Borge flussaufwärts folgt, taucht innerhalb von einer halben Stunde in eine völlig andere Welt ein. Die sanften Rebberge des Rhonetals verschwinden und verwandeln sich in eine eigentümliche Schluchtenlandschaft mit schroffen Felsen und einem sprudelnden Wildbach. Zunächst passiert man ein Wasserkraftwerk aus dem Jahr 1917, kurz danach steigt der Weg nach links steil an. Hier trifft man auf einen Kreuzweg, der in zwölf Stationen und über 50 Höhenmeter die Leidensgeschichte Christi in drastischen Bildern nachzeichnet. Endpunkt ist die hoch oben in die Felsen gehauene Ermitage von Longeborgne, eine der wenigen noch immer bewohnten Einsiedeleien der Schweiz.

ORA ET LABORA Als erste christliche Einsiedler gelten die Wüstenväter, die sich ab dem 3. Jahrhundert in Ägypten und Syrien als Eremiten oder in kleinen Gruppen als sogenannte Koinobiten in die Wüste zurückzogen, um dort wie ihr Vorbild Jesus ein einsames Leben abseits der Gesellschaft zu führen. Ihr Leben war geprägt von Gebet, Arbeit und Verzicht, was sie zu hoch angesehenen Vorbildern des christlichen Glaubens machte. Allerdings spielte für den Rückzug aus der Gesellschaft auch die damalige Christenverfolgung eine nicht zu unterschätzende Rolle.

GRÜNDUNGSMYTHOS Longeborgne ist über ein Jahrtausend später entstanden. Doch den Geist der frühen Einsiedler spürt man noch immer. Es fällt leicht sich vorzustellen, wie einsam es gewesen sein muss, als der Franziskanermönch Jean Bossié und seine sechs Gefährten die Einsiedlei im Sommer 1522 gründeten. Ursprünglich wollten sie in den Höhlen außerhalb der Gemeinde Bramois eine Kapelle zu Ehren der Lieben Frau und des Heiligen Franz von Assisi bauen und diese allmählich zu einem vollständigen Kloster mit einer Kirche, mit Zellen sowie einer Armenküche erweitern. Dazu kam es allerdings nicht mehr. Nach etwas mehr als zwei Jahrzehnten starben alle Mönche innerhalb kurzer Zeit, möglicherweise an den Folgen einer Pandemie.

ZWEITER ANLAUF Fast ein Jahrhundert blieb die Ermitage danach leer, auch wenn die Höhlen zwischenzeitlich von der Stadt Sitten genutzt wurden, um Schwarzpulver zu lagern. Das änderte sich erst, als zu Ostern 1657 der Franziskaner François Legras aus Troyes in der Champagne in die Region kam. Bei einem Besuch des Klosters von Sitten erzählte er, dass er auf der Suche nach einer Einsiedelei sei, um Gott in der Einsamkeit zu dienen. Der Sakristan zeigte ihm daraufhin Longeborgne. Obwohl der Ort in einem katastrophalen Zustand gewesen sein muss, war Legras begeistert und zog ein. Sein vorbildliches Leben lockte rasch Pilger aus dem In- und Ausland an. Ihre Spenden halfen, die Gebäude zu restaurieren, den Garten frisch anzulegen und die eingestürzten Mauern wieder aufzurichten. Später wurde Legras zum Priesteramt zugelassen. Glücklich machte ihn das aber nicht. 1663 verließ er die Einsiedelei, kehrte nach Frankreich zurück und schloss sich der Reformation an. Unter seinen Nachfolgern wurde Longeborgne zunehmend zu einem Wallfahrtsort, auch weil sich allerlei Wunder ereignet haben sollen. 1699 wurde das Patronatsrecht über Longeborgne der Stadt Sitten übertragen. Seit 1932 betreuen die Benediktiner der Abtei St-Benoît de Port-Valais im unterwalliserischen Ort Le Bouveret die Einsiedelei.

Offene Tür, offenes Herz:
Die Einsiedelei heißt Besucher willkommen.

NOCH IMMER WALLFAHRTSORT Ein Lost Place im eigentlichen Sinne ist Longeborgne nicht. Noch heute lebt hier ein Einsiedler – einer der letzten in der Schweiz. In der Kapelle finden regelmäßig Gottesdienste, Prozessionen und andere Anlässe statt. Aber die Einsiedelei liegt so weit abseits vom Rest der Welt, dass man hier durchaus das Gefühl bekommen könnte, sich an einem vergessenen Ort zu befinden. Ein Besuch der Kapelle lohnt sich allein wegen der bedeutenden Sammlung von Votivtafeln, die hier hängen. Die geweihten Tafeln werden der Einsiedelei in der Regel aufgrund eines Gelübdes oder einer Gebetserhörung gestiftet. Üblicherweise ist im oberen Teil der oder die Heilige zu sehen, die um Hilfe angerufen wurde, während im unteren Teil der Grund für das Gelübde dargestellt ist. Aus den Bildern kann man daher herauslesen, mit welchen Nöten, Leiden und Krankheiten sich die Menschen der Region während der letzten 300 Jahre herumschlagen mussten.

Das besondere Erlebnis

Nicht weit entfernt befindet sich von außen praktisch unsichtbar ein außergewöhnliches Naturwunder. Der 1943 entdeckte Lac Souterrain de Saint-Léonard ist mit seiner Länge von rund 300 Metern der größte unterirdische See Europas. In der warmen Jahreszeit finden regelmäßig Führungen in Ruderbooten durch die mit Wasser gefüllte Höhle statt. www.lac-souterrain.com

Der Weg führt an einem sehenswerten Wasserkraftwerk aus dem Jahr 1917 vorbei.

Die Erdpyramiden sind schwer zu verpassen – die Hauptstraße führt mitten durch das Naturwunder hindurch.

4

DAS TAL DES TEUFELS

Die Erdpyramiden von Euseigne

Das Val d'Hérens wird bisweilen als »Tal des Teufels« bezeichnet. Die skurrilen Erdpyramiden, die an seine Hörner erinnern, und die nach Schwefel riechenden Thermalquellen lassen erahnen, woher der Name stammen könnte.

Ort Erdpyramiden von Euseigne, Sauterot 6, 1982 Hérémence **GPS** 46.173191, 7.417194
Anfahrt **ÖV:** Ab Bahnhof Sion mit Postauto 381 Richtung Les Haudères bis zur Station Pyramides d'Euseigne; **Auto:** Von Sion ins Eringertal (Val d'Hérens), in Vex links Richtung Evolène. Die Straße führt direkt durch eine der Erdpyramiden hindurch. Parkplätze am Straßenrande.

EIN BALANCEAKT Selbst wer noch nie im Val d'Hérens war, kann die spektakulären Erdpyramiden am Ortsrand von Euseigne nicht verfehlen, denn die Hauptverkehrsachse des Tals führt aufgrund einer wenig zimperlichen Verkehrsplanung in einem kurzen Tunnel genau durch sie hindurch. Wie riesige Pilze ragen die graubraunen Erdkegel auf beiden Seiten der Straße bis zu 15 Meter in die Höhe – viele von ihnen geschützt durch Felsbrocken, die bedrohlich auf ihrer Spitze balancieren und aussehen, als könnten sie jeden Moment in die Tiefe stürzen.

GENERATIONSWECHSEL Die Voraussetzungen für dieses Naturwunder wurden gegen Ende der Würmeiszeit vor 70.000 bis 10.000 Jahren geschaffen. Als das zunehmend wärmere Klima den Eringergletscher zurückdrängte, blieb am ehemaligen Zusammenfluss seiner beiden Zungen, die heute das Val d'Hérens und das etwas kürzere Val d'Hérémence bilden, eine mächtige Mittelmoräne zurück. Ihr Gemisch aus gepresstem Lehm, Sand und größeren Gesteinsbrocken trocknete aus und bildete ein Material, das in trockenem Zustand zwar steinhart ist, sich in Verbindung mit Wasser aber in einen lehmigen Brei verwandelt. Seither zaubert die Natur immer neue einzigartige Skulpturen in die Landschaft. Diese entstehen, weil die mehrere Kubikmeter großen Felsbrocken die so genannte Betonmoräne wie ein Regenschirm schützen, während das nasse Material rundherum nach und nach ausgewaschen und abgetragen wird. So entstehen Erdsäulen, die bei jedem Niederschlag weiter wachsen – bis der Zahn der Zeit so stark an ihnen genagt hat, dass sie einstürzen. Ohne die schützende Kappe verwittert auch der Rest und verschwindet innerhalb weniger Jahrzehnte. Der hinuntergestürzte Stein schützt nun aber eine neue Stelle vor dem Regen, wodurch das Spiel wieder von vorne beginnt. Ein faszinierender Prozess des Generationenwechsels, der dafür sorgt, dass die Pyramiden bei Euseigne über die Jahrhunderte immer wieder anders aussehen.

WANDERUNG ZU DEN HEISSEN QUELLEN Von der Hauptstraße führen steile Fußwege

Weil größere Steinbrocken vor Erosion schützen, entstehen regelrechte Erdtürme.

zu den Pyramiden hinab. Wer genügend Zeit mitbringt, sollte noch etwas weiter ins Tal hinabgehen. Der Weg führt zunächst durch einen Wald und überquert anschließend über eine Brücke den Fluss Dixence. Bei der nächsten Weggabelung folgt man rechter Hand dem Ufer der Borgne. In der Nähe einer zweiten Brücke weht einem der Geruch nach faulen Eiern entgegen, die den weiteren Weg weisen. Hier am Bach entspringen zahlreiche Mineralquellen (insgesamt über 80), deren schwefelhaltiges Wasser bis zu 29 Grad warm ist. Zu erkennen sind die hübschen Naturpools nicht nur am Schwefelgeruch, den die früheren Bewohner auf Tätigkeiten des Teufels zurückführten, sondern auch an den Steinen, die durch die Eisenoxide im Wasser rot verfärbt sind. So einladend die Becken auch aussehen, ist vom Baden dennoch abzuraten. Wegen des flussaufwärts gelegenen Wasserkraftwerks kann der Wasserpegel auch an einem schönen Tag unverhofft stark ansteigen.

Das besondere Erlebnis

Die heimliche Königin des Tals ist die Staumauer Grande Dixence am hintersten Ende des Val d'Hérémence. Mit einer Höhe von 285 Metern und einer Sockeltiefe von 200 Metern ist sie nicht nur das höchste Bauwerk der Schweiz, sondern auch die größte Gewichtsstaumauer der Welt. Im Gegensatz zu Bogenstaumauern, die den Druck auf die Berge leiten, hält diese Konstruktionsart das Wasser allein durch ihr Eigengewicht zurück. Eine Seilbahn fährt hoch zur Krone des Damms, von wo aus man Ausflüge in die atemberaubende Bergwelt unternehmen kann. Im Sommer bietet das Kraftwerk zudem auch Führungen mit Licht- und Tonbildschau an, die tief ins Innere der Staumauer führen. www.visit-grande-dixence.ch

Die eindrücklichsten Erdpyramiden befinden sich etwas weiter unten im Tal.

5

SCHÄDEL IM KURORT

Das Beinhaus Leuk

Eigentlich sollte in der Kirche nur ein alter Kasten entfernt werden. Dabei kam einer der gruseligsten Orte des Landes zum Vorschein – mit rund 24.000 Schädeln.

Ort Beinhaus Leuk, Friedhofstrasse 21, 3953 Leuk **GPS** 46.317577, 7.634796
Anfahrt ÖV: Mit SBB bis Bahnhof Leuk, anschließend Bus 471 bis Leuk Stadt
Auto: Über Rhône-Autobahn/Schnellstraße A9 bis nach Leuk, Parkmöglichkeiten bei Stephanskirche in Leuk-Stadt vorhanden.

Unheimliche Überraschung:
Im längst vergessenen Beinhaus unter der Kirche fand man mehrere Zehntausend Schädel.

DER VERGESSENE RAUM Wir schreiben das Jahr 1982. Die Pfarrkirche St. Stephan in Leuk-Stadt wird gerade aufwendig renoviert. Einer der Männer, die den Archäologen helfen, ist der einheimische Kaufmann Ewald Grand. An einem schönen Tag erhält er den Auftrag, in einem Raum unter der Kirche einen alten Schrank herauszureißen. Er hämmert und wuchtet. Plötzlich entsteht ein Loch in der Wand, durch das ihm mehrere Schädel entgegenpurzeln und auf den Boden fallen. Man kann sich das Entsetzen ausmalen, das Grand gehabt haben muss, als er durch das Loch in einen düsteren Raum blickt, der bis fast unter die Decke mit durcheinanderliegenden Knochen und Schädeln gefüllt ist. Als die Männer einige Tage später beginnen, den Fund abzutransportieren und in einem vier mal acht Meter großen Loch in der Wiese vor der Kirche zu begraben, folgt die nächste Überraschung: Auf der gegenüberliegenden Seite stoßen sie auf eine zwei Meter hohe und rund 18 Meter lange Schädelwand. Säuberlich aufgeschichtet und mit Oberschenkelknochen stabilisiert, steht sie bis heute und beschert Leuk eine der gruseligsten Sehenswürdigkeiten der Schweiz.

GEWEIHTE GRUSELKAMMER Wann genau das Beinhaus oder Ossarium entstand, lässt sich nicht mehr mit Bestimmtheit sagen. Wissenschaftler sind sich sogar uneins, ob der Raum älter ist als das 1514 errichtete Mittelschiff der Kirche, das sich gleich darüber befindet, oder ob es erst nachträglich ausgegraben wurde. Aufgrund der Stiftung eines Allerseelenaltars gilt allerdings 1506 als wahrscheinlichstes Einrichtungsdatum – was bei einer Untersuchung der Jahresringe im Holz der Decke bestätigt wird. Für gewöhnliche Besucher ist allerdings ohnehin eine andere Frage spannender: Wie kamen die ganzen sterblichen Überreste in den Raum und wieso sind sie später vergessen worden? Roger Mathieu, Präsident des Kirchenrats von Leuk-Stadt, hat sich eingehend mit dem Beinhaus beschäftigt und die Fragen hierzu in zahlreichen Interviews beantwortet. Weil Ackerland in der bergigen Landschaft des Oberwallis schon immer ein rares Gut gewesen sei, habe man früh darauf geachtet, möglichst wenig nutzbare Flächen zu verschwenden. Um Friedhöfe nicht zu sehr anwachsen zu lassen, seien deswegen Gräber in der Regel nach einer Dauer von 25 Jahren aufgehoben worden. Die ausgegrabenen Knochen – damals gab es fast nur Erdbestattungen – konnten allerdings aus Pietätsgründen nicht einfach weggeworfen werden. Die naheliegende Lösung: sie in einer speziellen Kapelle sorgsam zu stapeln.

Der im 13. Jahrhundert entstandene Turmbau, der heute das Rathaus von Leuk beherbergt, diente einst dem Bischof von Sitten als Amtssitz.

Ein zweiter Grund war religiöser Natur: Das Beinhaus vermittelte der Bevölkerung, die oft weder lesen noch schreiben konnte, dass im Jenseits Gerechtigkeit herrscht: Am Ende sterben wir alle – Männer, Frauen, Reiche, Arme. Damit lag Leuk-Stadt durchaus im Trend der Zeit: Nicht ausschließlich in anderen Walliser Gemeinden, sondern in der ganzen Schweiz waren in der früheren Neuzeit Beinhäuser entstanden. Am bekanntesten ist heute das in Naters bei Brig, das sich ebenfalls besichtigen lässt. Nur wenige Beinhäuser konnten sich in die Gegenwart retten.

DIE VERGESSENEN SCHÄDEL In der Schädelwand des Leuker Beinhauses befinden sich rund 20–24.000 Schädel. Die hohe Zahl lässt sich durch die Zentrumsfunktion der Stephanskirche erklären. Umliegende Dörfer bis hoch nach Gampel, aber auch im Val d'Anniviers empfingen von der Taufe bis zur Beerdigung alle Sakramente in der Mutterkirche in Leuk-Stadt. Weitere Schädel dürften auch aus der Zeit stammen, als Napoleon einmarschierte. 1799 erhoben sich die Walliser und es kam zur Schlacht im nahe gelegenen Pfynwald. Knochen wurden in den Gebeinwänden noch bis spät ins 19. Jahrhundert aufgeschichtet. 1886 beschloss der Kirchenrat, den Zugang zum Beinhaus mit einer Mauer zu verschließen. Offenbar war darin »zu viel Unfug« getrieben worden.

Dazu gehörten auch Mutproben, bei denen Schädel entwendet wurden. Nach und nach ging das Wissen um die Knochenmassen dann verloren.

RÄTSELHAFTE STATUEN Noch ein Rätsel rankt sich um die Wiederentdeckung des Beinhauses. Als die Männer die Knochen ausräumten, kamen unter den Gebeinen mehrere Holzskulpturen zum Vorschein. Wie kamen sie hierher? Auf einer Wand steht ein Satz, geschrieben mit einem Rötelstift, der einen Hinweis geben könnte. »O frommer christ, huete dich vor der lutherischen thrug und lyst …«, heißt es dort. Haben die Leuker also vielleicht die Statuen versteckt, um sie vor den reformierten Bilderstürmern zu schützen? Möglich ist aber auch etwas Anderes. In bischöflichen Weisungen von 1623 und 1687 heißt es, dass alle liturgischen Gegenstände, die nicht mehr benötigt werden, anständig begraben werden müssen. Einige Figuren waren in Zeitungen aus dem späten 19. Jahrhundert eingewickelt, was eher auf Letzteres schließen lässt. Einige der Statuen sind im Hauptschiff der Stephanskirche ausgestellt.

Das besondere Erlebnis

Wem nach den ganzen Schädeln noch nicht schwindelt, kann sich auf dem Daubenhorn oberhalb von Leukerbad einen Adrenalinkick geben. Dort befindet sich nicht nur der längste, sondern vermutlich auch der spektakulärste Klettersteig der Schweiz. Entsprechend ist die Route auch anspruchsvoll und eher erfahreneren Berggängern zu empfehlen.

Der Eingang zur Pfarrkirche St. Stephan im Zentrum von Leuk

Holzskulpturen der neun ehemaligen Burgherren säumen den Weg zur Ruine Gestelnburg.

6

SAGENUMWOBENE EISHÖHLE UND EINE RITTERBURG

Die Ruine Gestelnburg

Ein unsichtbarer Goldschatz in der Eiszeithöhle, eine zerstörte Felsenburg mit hölzernen Figuren und ein mittelalterliches Ritterdorf: Rund um die Ruine Gestelnburg gibt es jede Menge zu entdecken.

Ort Ruine Gestelnburg, Ritterweg, 3942 Niedergesteln **GPS** 46.313278, 7.783000
Anfahrt **ÖV:** Ab Bahnhof Visp mit Bus 491 bis Niedergesteln Kiesfang, wenige Verbindungen!
Auto: Auf Autobahn A9 bis Gampel und anschließend auf der Rhone-Nordseite bis Niedergesteln fahren.

RUINE MIT AUSSICHT Auf einem Felssporn hoch über dem mittelalterlichen Ritterdorf Niedergesteln thront die Ruine Gestelnburg. Schon von Weitem ist sie am Holzkreuz zu erkennen, das an ihrer höchsten Stelle aus den Resten eines Rundturms ragt. Es fällt nicht schwer, sich die Aussicht vorzustellen, die sich einst den Burgherren geboten haben muss. Strategische Überlegungen dürften bei der Wahl des Standortes ausschlaggebend gewesen sein. So lässt sich von hier aus das an dieser Stelle relativ enge Rhonetal besonders gut überwachen. Zudem galt die Gestelnburg im Mittelalter als uneinnehmbar. Dazu trug neben der schwer zugänglichen Lage auf dem Felsen und den bis zu drei Meter dicken Schutzmauern auch die rückwärtige Joli-Schlucht bei, die - wie von einem Riesen in den Berg gesägt - zusätzlichen Schutz vor Angreifern aus dem Hinterland bot.

AUFSTIEG UND FALL EINER FEUDALFAMILIE Die Ursprünge der Gestelnburg verlieren sich im Nebel der Geschichte. Gesichert ist lediglich, dass die Burg im späten 12. Jahrhundert oberhalb eines befestigten savoyischen Handelsplatzes als Herrschaftssitz der Familie von Turn gegründet wurde. Das mächtige Feudalgeschlecht kontrollierte ein Gebiet, das sich von Niedergesteln über den Lötschenpass und das Hochgebirge bis hinunter ins Kandertal, Mülenen und Adelboden im Berner Oberland erstreckte. Sie hatten außerdem Lehen im Chablais und im Freiburgischen. Durch einen Mix von geschickter Heiratspolitik und kriegerischen Auseinandersetzungen gelang es der Familie, die Macht im Wallis kontinuierlich auszubauen. Der Burg war dennoch kein langes Leben beschieden. Ab Mitte des 14. Jahrhunderts verschärften sich die Rivalitäten zwischen den großen Feudalfamilien und dem

Dank ihrer erhöhten Lage galt die Gestelnburg im Mittelalter als uneinnehmbar.

↑ Alte Holzschöpfe im Ritterdorf Niedergesteln
↗ Ein gefährlich steiler Weg führt in die Eishöhle unterhalb der Burg.

Bischof von Sitten, die letztlich in einem Blutbad endeten. Der Anfang vom Ende kam, als Anton von Turn 1362 den Stammsitz der Familie des Sittener Bischofs Witschard Tavel überfiel, woraufhin die bischöflichen Truppen mit Hilfe der Oberwalliser Bauern große Teile der Besitzungen der Familie von Turn plünderten und die Gestelnburg, freilich erfolglos, belagerten. Nach einigen Jahren der Ruhe kam es 1375 erneut zu einem Eklat, als Anton den greisen Bischof aus einem Fenster der Burg Seta werfen ließ. Dieser kaltblütige Mord brachte die bereits aufgeheizte Stimmung zum Überlaufen. Mit Hilfe der einheimischen Bauern kam es zu einem Sturm gegen die Herren von Turn. Nur zehn Tage später wurden Antons Truppen in der Nähe von Saint-Léonard geschlagen. Er selber floh schwer verwundet an den Hof des Grafen Amadeus VI. von Savoyen. Die Gestelnburg, die nun an den Grafen von Savoyen überging, wurde 1384 schließlich von den Oberwallisern eingenommen und – rund 200 Jahre nach ihrer Gründung – bis auf die Grundmauern niedergebrannt.

HOLZSKULPTUREN UND EISZEITHÖHLE

Auf dem Ritterweg ist diese bewegte Geschichte überraschend greifbar. Zu verdanken ist dies der Stiftung Pro Castellione, die sich seit rund 40 Jahren für die sanfte Instandsetzung der Ruine einsetzt und die historische Forschung zur Familie Turn fördert. Sie war es auch, die die neun Skulpturen aus Lärchenholz aufstellte, welche den geschwungenen Fußpfad vom Dorf hinaus zur Ruine säumen und jeden der ehemaligen Burgherren in Lebensgröße zeigen. Tafeln verraten die wichtigsten Details aus ihrem Leben. Auf den versteckten Höhepunkt des Besuchs stößt man allerdings erst etwas weiter oben am anderen Ende der Burg. Aus der Distanz nur schwer erkennbar befindet sich unter dem Felsen mit dem Kreuz einer der

Blick auf den Turm der Kirche Niedergesteln vom Ritterweg aus.

Eingänge ins Festiloch. Die Höhle, die während der letzten Eiszeit entstanden ist, lässt sich über ihre ganze Länge begehen. Das könnte sich laut einer Legende besonders in der Heiligen Nacht lohnen. Dann nämlich kommt der in ihr versteckte Goldschatz zum Vorschein. Einfach mitnehmen lässt er sich allerdings nicht. Die drei mit Gold gefüllten Becken werden je von einer Schlange, einer Kröte und einem Löwen bewacht. Nur wer es wagt, jedem dieser Kreaturen einen Kuss zu geben, kann das Gold mitnehmen. Bisher, so weiß es zumindest der Volksmund, ist das aber noch keinem gelungen.

Das besondere Erlebnis

Niedergesteln gehört dank seines gut erhaltenen mittelalterlichen Dorfkerns zum UNESCO-Welterbe Schweizer Alpen Jungfrau-Aletsch, das sich hervorragend entlang der »Suonen« genannten Wasserkanäle erkunden lässt. Eine besonders erlebnisreiche Rundwanderung, die auf der Wanderskala mit T2 eingestuft ist und stellenweise Trittsicherheit und Schwindelfreiheit erfordert, beginnt direkt zwischen den malerischen Holzhäusern von Niedergesteln. Von hier aus folgt man den Wegweisern in Richtung Joli-Schlucht. Zuerst geht es auf einem steinigen Pfad mit Blick auf die Gestelnburg steil bergauf, dann entlang der Stägeru-Suone immer tiefer in die Schlucht hinein. Man passiert einen kleinen Wasserfall, durchquert auf schmalen Holzstegen einen für die Wasserversorgung angelegten Tunnel und kreuzt schließlich auf einer abenteuerlichen Hängebrücke den Joli-Bach. Von hier aus führt der Weg, im ersten Teil über Gitterroste, wieder hinunter nach Niedergesteln. Wer noch Kraft hat, kann im Tal bis zur Schlosskirche von Raron wandern, wo die Gebeine des großen Dichters Rainer Maria Rilke ruhen.

7

DIE DUNKLE SEITE DES ALPINISMUS

Der Bergsteigerfriedhof in Zermatt

Das Matterhorn gehört in totalen Zahlen zu den tödlichsten Gipfeln der Welt. Seit der Erstbesteigung im Jahre 1865 sind fast 600 Menschen beim Versuch ums Leben gekommen, das Schweizer Wahrzeichen zu erklimmen. Der Bergsteigerfriedhof in Zermatt erinnert an die tragischen Schicksale der alpinen Abenteurer.

Ort Bergsteigerfriedhof Zermatt, Kirchstrasse 12, 3920 Zermatt, **GPS** 46.019481, 7.748142
Anfahrt Zermatt ist autofrei, Anreise im eigenen Fahrzeug nur bis zum Parkplatz in Täsch möglich. Praktischer ist die Anreise mit der Bahn über Visp. Der Friedhof befindet sich wenige Fußminuten vom Bahnhof entfernt.

Das Grab des unbekannten Bergsteigers erinnert an die vielen Abenteurer, deren Leichen noch irgendwo auf dem Matterhorn liegen.

Viele Gräber sind mit persönlichen Gegenständen der Verunglückten geschmückt.

DIE ERSTBESTEIGUNG DES MATTERHORNS Es gibt Ereignisse, die ihren düsteren Schatten bis in die Gegenwart werfen, gleichzeitig aber selber das Resultat eines dunklen Schattens sind. Der tödliche Unfall bei der Erstbesteigung des Matterhorns am 14. Juli 1865 ist so ein Ereignis. Im Zentrum der Geschichte steht die britische Bergsteigerlegende Edward Whymper. Der erfahrene Alpinist war regelrecht besessen vom Wunsch, als erster Mensch den Gipfel des bis dato als unbezwingbar geltenden Bergs zu erobern. Zwischen 1861 und 1865 unternahm er nicht weniger als acht Versuche, scheiterte aber jedes Mal an den schroffen Felsen und der lebensfeindlichen Umwelt des Viertausenders. Selbst ein Absturz, bei dem er sich heftige Verletzungen zuzog und der ihn um ein Haar das Leben kostete, konnte ihn nicht vom Vorhaben abhalten. Als Whymper erfuhr, dass sein einstiger Bergführer und Freund, der Italiener Jean-Antoine Carrel, hinter seinem Rücken zu einem weiteren Versuch ohne ihn aufgebrochen war, gab es für ihn keine andere Wahl, als selber so schnell wie möglich eine neue Mannschaft zusammenzustellen und vor dem Rivalen ganz oben anzukommen. Schon kurz darauf brach der Brite in einer Siebener-Seilschaft auf. Sie bestand aus drei Landsleuten sowie drei Bergführern, einer aus dem französischen Chamonix und einer Vater-Sohn-Kombo aus Zermatt.

EIN FALSCHER SCHRITT Diesmal schien für Whymper alles perfekt zu laufen. Nach einer Nacht auf 3350 Metern gelang den sieben Männern der Aufstieg über den Hörnligrat zwischen der Ost- und Nordwand, der sogenannten »Schulter«, wie vorgesehen. Am frühen Nachmittag gegen Viertel vor zwei wurde Whympers Lebenstraum wahr: Als erster Mensch hatte er das Matterhorn bestiegen. Noch größer wurde die Freude, als er einige hundert Meter unter sich die italienische Gruppe entdeckte. Nun gab es keinen Zweifel mehr, dass das Wettrennen gewonnen war. Nach einer Pause auf dem Gipfel von rund einer Stunde machten sich die Männer an den Abstieg. Ob es die Freude über den Sieg und die grandiose Leistung oder schlicht Erschöpfung war, lässt sich heute nicht mehr sagen – klar ist aber, dass sich der weit vorne gehende 19-jährige Brite Douglas Hadow einen Fehltritt erlaubte und an der steilen Nordwand ausrutschte. Während er nach unten schlitterte, zog er drei seiner Begleiter mit sich. Das viel zu dünne Sicherungsseil, das man übrigens heute noch im Matterhorn-Museum Zermatlantis sehen kann, riss bei dem hohen Gewicht der vier Männer sofort. Im freien Fall stürzten sie in die Tiefe. Drei Leichen sollten am kommenden Tag rund tausend Meter unter der Unglücksstelle von einem Suchtrupp gefunden werden, die sterblichen Überreste vom Bergsteiger Lord Francis Douglas hingegen sind bis heute

In totalen Zahlen gehört das Matterhorn zu den tödlichsten Gipfeln der Welt.

verschollen. Whymper und die beiden einheimischen Bergführer überlebten.

BEGINN DES TOURISMUS Für Zermatt erwies sich das Unglück als Fluch und Segen zugleich. Dadurch, dass die damalige britische Königin, Queen Victoria, als Reaktion auf das Unglück, ein Bergsteigeverbot erwog, wurden viele britische Abenteurer überhaupt erst auf das Matterhorn aufmerksam und der Berg zum Wahrzeichen der Schweiz. Und obwohl Zermatt in den Reiseführern seiner Zeit, etwa dem 1885 erschienen »Tschudis Turist in der Schweiz«, wenig wohlwollend als »ärmliches, eingassiges Dorf mit primitivem Charakter mit schwarzen, baufälligen Hütten« bezeichnet und die Einheimischen als »faul und wenig mitteilsam« beschrieben wurden, zog der formschöne Felszacken bald Bergsteiger aus ganz Europa an. Durch den bis heute anhaltenden Andrang wurde das Matterhorn in absoluten Zahlen zum tödlichsten Gipfel weltweit. Seit der Erstbesteigung verging kein Jahr ohne tödliche Unfälle, mindestens 600 Alpinisten fanden auf dem Berg den Tod.

GESEGNETE ERDE An die vielen Bergunglücke rund um Zermatt erinnern die rund 70 Gräber hinter der katholischen Kirche. Weil man Leichname in dieser Frühphase des alpinen Tourismus noch nicht gekühlt in die Heimat zurücktransportieren konnte und eine Kremation im katholisch geprägten Dorf als verwerflich galt, blieb nichts Anderes übrig, als die Opfer vor Ort zu begraben. Doch auch das stellte die Kirche vor ein Problem: Die fremden Abenteurer hatten oft nicht den passenden Glauben, um mit den Einheimischen auf dem Dorffriedhof beerdigt zu werden. So entschied man sich, ihnen einen nicht gesegneten Platz leicht abseits zuzuweisen, den Bergsteigerfriedhof. Obwohl manche Gräber weit über hundert Jahre alt sind, werden viele weiterhin von Angehörigen und Bergsteigerfreunden gepflegt. Berührend und beklemmend zugleich ist der Grabstein eines verunglückten US-Bergsteigers, an dem der originale Eispickel des allzu jung Verstorbenen befestigt ist. Irritierend ebenfalls die gebrauchten Wanderschuhe, die über einem anderen Grab hängen. Auch ein Opfer der Erstbesteigung fand hier seine letzte Ruhestätte: Michel-Auguste Croz, der Bergführer aus Chamonix. Eine interessante Ausnahme sind übrigens Peter und Peter Taugwalder, das erwähnte Vater-Sohn-Paar, das die Erstbesteigung überlebte. Obwohl beide erst Jahre später eines natürlichen Todes starben und damit auf dem Bergsteigerfriedhof eine seltene Ausnahme bilden, haben sie das vermutlich prominenteste Grab.

DER UNBEKANNTE WANDERER Mittlerweile werden verunglückte Alpinisten meistens in ihre Heimat überführt, beigesetzt wurde auf dem Bergsteigerfriedhof schon seit Jahrzehnten niemand mehr. Eine einzige Ausnahme gibt es: 2013 entdeckte ein Bergführer am Fuß des Matternhorns menschliche Knochen. Zunächst vermutete man, dass es sich dabei um die sterblichen Überreste von Douglas, dem bis heute verschollenen Erstbesteiger, handeln könnte. Nach einer eingehenden Analyse konnte das jedoch ausgeschlossen werden. Am 12. Juli wurde er trotzdem als Teil der Erinnerungszeremonie an das 150-jährige Jubiläum der Erstbesteigung im Bergsteigerfriedhof beigesetzt. Beschriftet als Grab des unbekannten Bergsteigers erinnert er an die fast drei Dutzend verstorbenen Alpinisten, deren Leichen noch irgendwo auf dem Berg liegen.

Das besondere Erlebnis

Einen außergewöhnlichen Lost Place gibt es gleich am Eingang zum Vispertal, das nach Zermatt führt. Direkt beim Ortsausgang von Visp und unmittelbar an der Visper befindet sich ein brachliegendes Kieswerk. Die Industriebrache ist allem Anschein nach ein beliebter Ort für wilde Partys und die zahlreichen Graffitis auf dem stark zerfallenen Gelände lassen das Herz jeden Entdeckers und Fotografen höherschlagen. Unklar ist allerdings, wie lange das Gebäude noch stehen wird, denn die Gemeinde liegt seit Längerem mit der Betreiberfirma im Streit über einen allfälligen Abriss.

Der Friedhof im Zentrum von Zermatt beherbergt rund 70 Gräber.

Der Galgenhügel befindet sich etwa zehn Minuten außerhalb von Ernen.

8

ABERGLAUBEN UND SCHWARZE MAGIE

Der Galgenhügel von Ernen

Im Mittelalter und der Frühen Neuzeit fanden zahlreiche Menschen einen grausamen Tod, weil sie der Hexerei bezichtigt wurden. Etwas außerhalb der Oberwalliser Gemeinde Ernen steht noch immer eine Richtstätte, wo einst echte und vermeintliche Verbrecher gehenkt wurden.

Ort Mooshügel, 3995 Ernen **GPS** 46.403515, 8.147499 **Anfahrt** **ÖV:** Ab Bahnhof Fiesch mit Bus 652 bis Endstation Ernen Dorfplatz. **Auto:** Auf der Furka-Passstrasse zwischen Lax und Fiesch abbiegen Richtung Landschaftspark Binntal. Parkplätze in Ernen vorhanden.

PAKT MIT DEM TEUFEL Der 26. August 1561 war für Ursula Becher kein guter Tag. Die ältere Frau aus dem Oberwalliser Binntal wurde an jenem Tag der Hexerei bezichtigt, abgeführt und zur weiteren Untersuchung in Ernen ins Gefängnis gesperrt. Dort banden sie ihre Schergen mit auf dem Rücken gefesselten Armen an einen Strick und drohten mit brutaler Folter, sollte sie sich nicht zu ihren Verbrechen bekennen. Becher muss geahnt haben, was sie erwartete. Jedenfalls gestand sie ihre vermeintlichen Missetaten sofort. Betrübt über den Verlust ihres Bruders habe sie in jungen Jahren einmal in einer Scheune gelegen, erzählte sie laut den bis heute erhaltenen Prozessakten während des Verhörs. Da sei ein Bettler erschienen, der sich nach dem Grund ihrer Trauer erkundigt habe. Als dieser anbot, sie von ihrem Kummer zu befreien, wenn sie Gott abschwöre, willigte Becher ein. Der als Bettler verkleidete Satan biss sie daraufhin in den Hals, wo ein Hexenmal entstand, von dessen Existenz sich die Richter überzeugen konnten. Anschließend verkehrte sie zwei Mal mit dem Teufel. Weiter gestand Ursula Becher, in der Not Kleinigkeiten gestohlen und gemeinsam mit Satan Steinschläge und Erdrutsche verursacht zu haben. Andere Vergehen wollte sie jedoch auch nach der Anwendung von Folter nicht zugeben.

TOD DURCH FEUER Nun ging alles schnell. Bereits drei Tage später folgten die Geschworenen der Anklage und kamen einstimmig zum Urteil, dass Ursula Becher die abscheulichen Verbrechen der Hexerei, des Beischlafs mit dem Teufel und der Gotteslengnung begangen habe. Mit gefesselten Händen und einem Holzkreuz sollte sie zum

Laut dieser Inschrift
wurde der Galgen im Sommer 1702 erhöht.

Galgen außerhalb des Dorfes geführt und dort auf einem Scheiterhaufen verbrannt werden, wie es das damalige Recht im Falle von Hexerei und dunkler Magie vorschrieb. Alle ihre Güter verfielen mit dem Urteil und wurden dem Gericht zugesprochen.

SCHWARZE MAGIE Ursula Becher ist womöglich der bekannteste Fall, aber bei weitem nicht der einzige. Hexenverfolgungen waren im 16. Jahrhundert allgegenwärtig und auch im Wallis wütete der Hexenwahn heftig. Immer wieder fanden Frauen und teilweise auch Männer auf dem bewaldeten Hügel wegen angeblicher schwarzer Magie den Tod. Gleich mehrere Faktoren waren für diese Entwicklung ausschlaggebend. Zum einen fiel der Übergang vom Mittelalter zur Frühen Neuzeit in die Zeit einer Klimakrise. Die kleine Eiszeit führte zu Missernten, was die Getreidepreise in die Höhe trieb und Hungersnöte mit sich brachte. Zudem zog die Pest immer wieder durchs Land und raffte oft weite Teile der Bevölkerung dahin. Kriegerische Auseinandersetzungen waren ebenfalls keine Seltenheit. Die Menschen waren verängstigt und verunsichert. Schuldige mussten her – und das waren allzu oft Hexen. Erleich-

Die Holzlatten, an denen der Strick einst befestigt war, haben sich nicht erhalten.

tert wurden solche Zuschreibungen auch dadurch, dass kaum jemand daran zweifelte, dass es tatsächlich Menschen mit magischen Fähigkeiten gibt. In vielen Dörfern führte das zu einer wild brodelnden Gerüchteküche, aus der jene einfachen Anschuldigungen hervorgingen, die in der Regel ausreichten, um eine Untersuchung in Gang zu setzen. Und die als Verhörmethode zulässigen Folterungen sorgten dafür, dass früher oder später jeder das verlangte Geständnis ablegte.

AUF ZUM ORT DES GESCHEHENS Den Ort, wo diese brutalen Urteile einst vollstreckt wurden, kann man heute noch besuchen. Einige hundert Meter außerhalb von Ernen auf dem Weg nach Mühlebach stehen auf einem Hügel drei weißliche Steinsäulen. Oben, auf rund 4,20 Metern Höhe, lag früher ein Holz auf, an dem die Schlingen montiert waren, die den Verbrechern das Genick brachen oder ihnen die Luft abschnürten. Auf einer Säule erinnert eine Inschrift daran, dass noch im Sommer 1702 der Galgen erhöht und mit Kapitellen aus Tuffstein erweitert wurde. Die letzten Hinrichtungen fanden 1764 statt: Drei Männer, die des Diebstahls der Gemeindekasse beschuldigt wurden, hatte das Zendengericht zum Tod durch den Strang verurteilt. Heute ist der Galgen von Ernen eine der wenigen erhaltenen Richtstätten aus der Frühen Neuzeit. Und auch wenn man von den unmenschlichen Gräueln weiß, die sich hier vor einem halben Jahrtausend abspielten – die traumhafte Aussicht auf das Tal und die Holzhäuser von Ernen sollte man trotzdem genießen. Wohl auch deswegen befindet sich heute direkt vor dem Galgen ein Sitzbänkchen.

Das besondere Erlebnis

Noch mehr Geschichte gibt es im ersten Stock des Jost-Sigristen-Haus am Erner Dorfplatz. Im weitgehend originalgetreu eingerichteten Wohnhaus des letzten Landeshauptmanns vor dem Einmarsch der Franzosen gewinnt man nicht nur einen Einblick in das Leben und Wirken von Jakob Valentin Sigristen (1733–1808), sondern kann auch sehen, wie die aristokratische Elite des Wallis im 18. Jahrhundert lebte. Besonders schön sind die bemalte Stubendecke und die drei verzierten Giltsteinöfen. Das Museum ist jeweils von Mitte Juni bis Ende Oktober am Mittwoch und Sonntag von 17.00–18.00 Uhr geöffnet.

9

AUF DEN SPUREN VON GOLDFINGER

Das Berghotel Belvédère

Die Bergstrecke zwischen dem Wallis und Uri gehört zu den ersten Pässen in der Schweiz mit regelmäßigem Kutschenverkehr. Zahlreiche verlassene Hotels entlang der Furkastrasse zeugen davon – darunter auch eines, das dank 007 weltberühmt wurde.

Ort Hotel Belvédère, Furkastrasse, 3999 Obergoms VS **GPS** 46.576780, 8.388258
Anfahrt **ÖV:** Zug bis Bahnhof Andermatt, mit Bus 681 Richtung Oberwald bis Station Belvedere Furka; **Auto:** Auf Autobahn A2 bis Göschenen und über Furkastrasse Richtung Oberwald, Obergoms. Das Hotel Belvedere liegt auf der Walliser Seite etwa 3 Kilometer unterhalb der Passhöhe.

Das Hotel Belvédère ist ein paar Sekunden lang im James-Bond-Film Goldfinger zu sehen.

WELTBEKANNTE ACTIONSZENE Knapp vier Minuten dauert die berühmte Szene in »Goldfinger«, dem dritten Film der James-Bond-Reihe, in der sich die Protagonisten eine Verfolgungsjagd über den Furkapass liefern. Gleich drei Mal ist dabei im Hintergrund das Hotel Belvédère zu sehen. An der bizarr in eine Haarnadelkurve gebauten Unterkunft tuckert zuerst Auric Goldfinger in seinem Schurken-Rolls Royce vorbei. Dann folgen James Bond und schließlich die adrette Tilly Masterson, die sich am vorausfahrenden Bösewicht für den Tod ihrer Schwester rächen will. Trotz dieser Prominenz konnte das Berghotel – ganz im Gegensatz zu vielen anderen Bond-Drehorten – nie von seiner filmischen Bekanntheit profitieren. Dass das Haus seit Jahren geschlossen ist, hat aber andere Gründe.

Das »Glacier du Rhône« gehörte um 1910 zu den größten Gasthöfen der Schweiz.

BEGINN DER BELLE EPOQUE Wer die Geschichte des hiesigen Bergtourismus erzählen will, muss in den 1830er Jahren beginnen. Damals führte der Weg vom Wallis in die Zentral- und Ostschweiz noch auf einem beschwerlichen Saumpfad über die Berge. Um die Überquerung zu erleichtern, entstand in Gletsch ein erstes Gasthaus, das später von der Zermatter Hoteliersfamilie Seiler zum Grand Hotel »Glacier du Rhône« ausgebaut wurde – benannt nach dem damals noch bis ins Tal reichenden Rhonegletscher. Der eigentliche Aufschwung dieses hintersten Zipfels des Wallis begann allerdings 1866 mit dem Ausbau der Furkastrasse für den Postkutschenverkehr. Weil die Reise von Brig, dem nächsten größeren Walliser Ort, nach Göschenen, wo ab 1882 die Gotthardbahn hielt, trotzdem noch immer elf bis zwölf Stunden dauerte, entstand eine stetig wachsende Nachfrage nach Übernachtungsmöglichkeiten. Entlang der Strecke wurden gleich mehrere Hotels gegründet. Auch die erwähnte Familie Seiler eröffnete zeitgleich mit der Eisenbahnstrecke für ihren Sohn Josef, der die Geschäftsleitung übernahm, eine Stunde talaufwärts einen weiteren Gasthof. Der Standort des Hotels Belvédère war nicht ohne Grund gewählt: Zum einen hatte man von hier aus einen herrlichen Panoramablick auf den Gletscher, zum anderen konnte man schon damals in einem rund 100 Meter tiefen Eistunnel dem gefrorenen Naturwunder ganz nahekommen.

WICHTIGE BERGSTRASSEN Für die Hotels entlang der Passstraße ging es lange Zeit stetig bergauf. Dazu trug auch die Eröffnung der Fahrstraße über den Grimselpass im Herbst 1894 bei, für die sich unter anderem die mächtige Familie Seiler eingesetzt hatte und die die Zahl der Durchreisenden nochmals stark erhöhte. Es ist kaum ein Zufall, dass sich die beiden Passstraßen direkt beim Grand Hotel »Glacier du Rhône« verzweigten und sich dieses bis kurz vor dem Ersten Weltkrieg mit seinen über 300 Betten zu

Die Besitzer halten das Hotel Belvédère weiterhin instand.

einem der größten Gasthöfe der Schweiz entwickeln konnte. Freilich trug dazu auch bei, dass in den Stallungen direkt neben dem Hotel bis zu 200 Tiere für den Pferdewechsel im Kutschenverkehr zur Verfügung standen. Auch das Belvédère, das zunächst ein einfacher einstöckiger Bau war, wurde mehrfach erweitert und modernisiert. Mit Annehmlichkeiten wie fließendem Wasser und elektrischem Licht sollten vor allem wohlhabendere Gäste angesprochen werden.

AUTOMOBIL BESCHLEUNIGT NIEDERGANG Der Niedergang setzte mit dem Ausbruch des Ersten Weltkriegs ein und wurde durch die folgenden Wirtschaftskrisen verstärkt. Als der Bergtourismus in den 50er und 60er Jahren des vergangenen Jahrhunderts schließlich wieder zunahm, hatte sich die Welt verändert. Zum einen gab es nun mit den neu gebauten Straßen über den Susten- und den Nufenenpass alternative Routen, zum anderen sank die Reisezeit mit den Autos in einem Ausmaß, dass Übernachtungen zunehmend überflüssig wurden. Die Touristen hielten allenfalls noch kurz für einen Kaffee an. Die Berghotels am Pass, für die die kurze Saison schon immer eine Herausforderung war, schlossen nun nach und nach ihre Pforten. Das Belvédère machte Mitte der 1980er Jahre zu, und Gletsch, das ohnehin fast nur aus einem einzigen Hotel bestand, verwandelte sich in einen Geisterort. Beide kaufte der Kanton Wallis um diese Zeit mit dem Ziel auf, das ganze hintere Tal in einen einzigen, riesigen Stausee zu verwandeln. Von der einst beispiellosen Hoteldichte am Furkapass ist aber auch anderswo kaum noch etwas geblieben: Fast alle Unterkünfte von einst sind geschlossen, verlassen und teilweise sogar abgerissen. Als nach Protesten und Umweltbedenken die Idee des Speichersees endgültig verworfen wurde, öffnete das Belvédère bis 2015 noch einmal. Auch das Glacier du Rhône soll demnächst nach einem Umbau wiedereröffnet werden – allerdings nur mit einem Bruchteil der Zimmer, die es vor hundert Jahren hatte. Welche Zukunft der Tourismus in der Gegend noch hat, wird sich zeigen.

Das besondere Erlebnis

Wie vor 150 Jahren wird noch immer jeden Frühling gegenüber dem Hotel Belvédère eine rund 100 Meter tiefe Eisgrotte in den Gletscher gebohrt, die in ihrem Innern in allen Blautönen leuchtet. Auf einem Lehrpfad erfährt man jede Menge über das ewige Eis.

Wegen der kurzen Saison ist es an der Furka-Passstraße schwer, Hotels gewinnbringend zu betreiben.

Massensterben bei einer Pestepidemie oder Aufbruch in eine bessere Zukunft? Viele Rätsel ranken sich um die Aufgabe des Dorfs Prada. (Kapitel 11)

TESSIN

Auf der großen Terrasse des Gotthard-Sanatoriums sonnten sich einst wohlhabende Tuberkulose-Patienten.

10

GROSSE PLÄNE IN BESTER LAGE

Sanatorio del Gottardo

Einst eine der größten Kliniken für Tuberkulose-Kranke, ist das Sanatorio del Gottardo heute einer der bekanntesten Geisterorte der Schweiz.

Ort Sanatorio Popolare Cantonale di Piotta, 6777 Quinto **GPS** 46.519913, 8.672642
Anfahrt **ÖV:** Regionalbahn bis Ambri-Piotta, anschließend Bus 117 bis Piotta Nord
Auto: über Autobahn A2 bis Airolo, danach Landstraße bis Piotta. Parkmöglichkeiten bei Talstation der Standseilbahn Ritom.

WIE EINE FILMKULISSE Lange suchen muss man das Gotthard-Sanatorium nicht. Von dichtem Pinienwald umgeben thront der schlossähnliche fünfstöckige Bau hoch über Piotta. Das wenige Kilometer hinter dem Südportal des Gotthardtunnels gelegene Dorf ist zwar heute von Autobahn, Schiene und einem ehemaligen Militärflugplatz geprägt – die Ruhe und Idylle, die hier oben auf rund 1200 Metern über Meer einmal geherrscht haben, sind aber noch immer deutlich spürbar. Je mehr man sich allerdings auf der kurvigen Bergstraße dem Gebäude nähert, desto mehr Risse bekommt das beschauliche Bild: Rollläden hängen schief in den Fenstern oder fehlen ganz, Scheiben sind eingeschlagen und der Verputz ist an vielen Stellen abgebröckelt oder mit Graffitis überzogen. Auf dem mit einem Zaun umgebenen Gelände sieht man überall Abfall liegen. Wüsste man es nicht besser, könnte man glauben, man befinde sich in der Kulisse für einen Endzeitfilm.

LUXUS FÜR LUNGENKRANKE Dabei hatte das Sanatorium einen überaus hoffnungsvollen Start. Nachdem der italienische Lungenarzt Fabrizio Maffi eine Weile in einem Schulhaus weiter unten im Tal mit Erfolg eine Klinik für Tuberkulosekranke betrieben hatte, übertrug ihm die Gemeinde 1901 ein zwei Hektar großes Grundstück an bester Lage am Sonnenhang. Hier sollte er ein Sanatorium bauen, das den höchsten Gesundheits- und Hygienestandards seiner Zeit entsprach, und damit gleichzeitig auch den Fremdenverkehr im abgelegenen Dorf ankurbeln. Maffi ließ sich das nicht zwei Mal sagen. Kurzerhand gründete er mit Mailänder und Tessiner Kapital eine Aktiengesellschaft und beauftragte den Mailänder Architekten Diego Brioschi, eine Klinik für bis zu 70 Personen zu errichten. Die Ausstattung im Gebäude, das er im damals beliebten Liberty-Stil entwarf, war dem Stand der Zeit voraus: So wurden eine Zentralheizung mit Heizkörpern in allen Räumen sowie ein eigenständiges Warmwassersystem verbaut. Außerdem verfügte das Sanatorium über ein eigenes Analyselabor und radiologische Geräte. Für die Unterhaltung der Gäste, die teilweise monatelang in Kur blieben, sorgten eine gut ausgestattete Bibliothek und ein Gesellschaftsraum. Die meiste Zeit dürften die Gäste allerdings auf der windgeschützten Veranda verbracht haben, wo sie auf Liegestühlen ihre Lichttherapie genossen. Obwohl das Sanatorium sich stark an den Grand Hotels jener Zeit orientierte, gab es auch einen bedeutenden Unterschied: Die Zimmer waren alle nach Süden ausgerichtet und so ausgestattet worden, dass möglichst wenig Staub

Wegen Einsturzgefahr sollte das Sanatorium nicht mehr betreten werden.

↑ **Nebengebäude des Sanatoriums, das einst eine schöne Fassade hatte.**

↗ **Ehemalige Verwaltungsgebäude des ehemals stattlichen Komplexes.**

anfiel. Teppiche und Vorhänge waren in den Gästezimmern tabu, anstelle von Stuckdekorationen setzte man auf stilisierte gemalte Blumenrahmen.

WECHSELNDE BESITZER Maffi hatte als Arzt einen guten Ruf, beim Geschäftlichen hingegen schien er kein so gutes Händchen zu haben. Obwohl die Tuberkulose in den ersten Jahrzehnten des 20. Jahrhunderts weit verbreitet war – die Volkskrankheit raffte etwa jeden siebten Schweizer hin und galt zu jener Zeit als die häufigste Todesursache überhaupt – gelang es ihm nicht, das Sanatorium rentabel zu betreiben. Bereits 1906, gerade einmal ein Jahr nach der Eröffnung des Sanatoriums, ging seine Aktiengesellschaft in Konkurs, das Anwesen wurde versteigert. Der neue Besitzer richtete sich nun an eine noch luxuriösere und zahlungskräftigere Klientel aus ganz Europa. Doch auch er hatte das Glück nicht lange auf seiner Seite. Schon bald fielen mit dem Ausbruch des Ersten Weltkriegs die internationalen Gäste weg. 1917 übernahm schließlich die Schweizer Armee das Gelände und richtete ein Spital für Soldaten ein. Etwa zu jener Zeit wurde das Sanatorium auch an die Standseilbahn angeschlossen, die neben dem Gebäude hoch zum Ritom-Stausee führt. Noch immer verfügt die frühere Klinik über eine eigene Station, die allerdings nicht mehr angefahren wird. Nach dem Krieg ging das Sanatorium unter dem neuen Namen Sanatorio Popolare Cantonale di Piotta an den Kanton Tessin über, der darin ab 1922 bedürftige Tessiner behandelte. Den endgültigen Niedergang brachten aber die ab Ende der 1940er Jahre entwickelten Antituberkulotika, die lange und teure Bergaufenthalte unnötig machten. 1962 wurde der Betrieb aus wirtschaftlichen Gründen eingestellt. Seither steht der Bau leer und verlottert von Jahr zu Jahr mehr.

Neben der Ritom-Standseilbahn findet man noch immer eine Haltestelle beim Sanatorium.

UNKLARE ZUKUNFT Immer wieder gab es Vorstöße für eine neue Nutzung. 1968 etwa erwog der Schweizer Naturschutzverband, das Gebäude in ein Umweltforschungszentrum mit Naturpark zu verwandeln. Später gab es Pläne für ein Kongresshotel und ein Pflegeheim, die ebenfalls im Sand verliefen. 2016 verkaufte der Kanton Tessin die inzwischen stark baufällige Liegenschaft für 750.000 Franken an kasachische Investoren. Sie versprachen, rund 40 Millionen Dollar in die Ruine zu investieren und sie in ein Ausbildungszentrum für Wintersport zu verwandeln. Obwohl die Gemeinde Quinto die notwendige Baubewilligung rasch erteilte, sind bis heute keine Bagger vorgefahren. Mittlerweile ist der Zustand so schlecht, dass selbst erfahrene Urbexer vom Betreten des vermutlich bekanntesten Lost Place der Schweiz abraten. Ein Teil des Treppenhauses ist schon vor Jahren eingestürzt, andere Bereiche könnten jederzeit folgen.

Das besondere Erlebnis

Die obere Leventina war über Jahrhunderte Grenzgebiet. Davon zeugt der Dazio Grande, der »Große Zoll«. Das eindrückliche Gebäude aus dem Jahr 1561 diente den Urnern zwischen 1478, dem Jahr als sie die Kontrolle über das Tal erhielten, bis zum Eintritt des Tessins in die Eidgenossenschaft 1803, dazu, Wegzölle zu erheben. Reisende hatten außerdem die Möglichkeit, hier zu essen, zu übernachten und die Pferde unterzubringen. Gleich hinter dem Gebäude beginnt eine rund einstündige Rundwanderung. Sie führt zunächst durch einen Wald hoch zur Ruine des Dazio Vecchio. Der »Alte Zoll« wurde zu einer Zeit gebaut, als die direkte Route entlang des Flusses noch als unpassierbar galt und deswegen über den Berg gelegt wurde. Nach einer Weile geht es auf alten Saumpfaden hinab in die Schlucht und auf einer breiten Fahrstraße zurück zum Dazio Grande.

11

ALS DIE PEST EIN DORF WEGFEGTE

Das Geisterdorf Prada

Einige hundert Höhenmeter oberhalb von Bellinzona befinden sich die Überreste von Prada. Das 200-Seelen-Dorf wurde verlassen, nachdem die Pest durch die Südschweiz zog. Doch was genau vor fast 400 Jahren passierte, lässt sich heute nicht mehr mit Sicherheit sagen.

Ort Prada, 6582 Bellinzona **GPS** 46.183813, 9.040268
Anfahrt **ÖV:** Ab Bahnhof Bellinzona mit Bus 5 bis zur Station Ospedale. Von dort rund eine Stunde wandern. **Auto:** Ab Spielplatz (Parco Giochi) Senta sind es zu Fuß etwa 15 Minuten.

400 Jahre nachdem die Pest durchs Dorf zog, lässt sich noch immer erkennen, dass Prada einst eine stattliche Ortschaft war.

Heute ist Prada von einem malerischen Kastanienwald umgeben.

RUINEN MIT AUSSICHT Geschichtsinteressierte sind von Bellinzona meistens begeistert. Die in einem engen Tal an strategischer Stelle gelegene Tessiner Kantonshauptstadt ist nicht nur ansehnlich, sondern hat auch gleich drei eindrückliche Burgen zu bieten. Was allerdings die wenigsten wissen: Einige hundert Höhenmeter oberhalb des Städtchens befindet sich auf dem Berg in einer windgeschützten Mulde das spätmittelalterliche Geisterdorf Prada. Genauso wie in früheren Zeiten lässt es sich nur zu Fuß über alte Saumpfade erreichen. Eine Wanderung, die sich für Liebhaber vergessener Orte lohnt! Denn wer den stellenweise steilen Weg durch die Kastanienwälder auf sich nimmt, steht nach rund einer Stunde plötzlich vor einer Lichtung. Mit bester Sicht über die Magadino-Ebene bis hinunter auf den Lago Maggiore verteilen sich hier die Überreste von rund 50 Häusern. Nicht etwa einfache Hütten und Ställe, wie man sie sonst im Südkanton öfters verlassen vorfindet, sondern stattliche Bauten mit Toren und Rundbögen. Die Gebäude der Ruinenstadt sind in äußerst unterschiedlichem Zustand. Einige sind eingestürzt, bei ihnen lässt sich nicht viel mehr als mit Pflanzen überwucherte Grundmauern erkennen. Anderswo trotzen die teilweise mehrstöckigen Fassaden noch immer der Zeit.

DER SCHWARZE TOD Wieso die Menschen den attraktiven Wohnort verlassen haben, ist nicht restlos geklärt. Belegt ist, dass das Dorf um 1629–30 aufgegeben wurde – genau zu jener Zeit, als im Tal die Borromäische Pest wütete. Dass die Krankheit mit dem Aus des Dorfs zusammenhängt, ist relativ unbestritten. Doch weil die Quellenlage ziemlich dürftig ist, gibt es zwei gegenläufige Theorien darüber, was damals passiert sein könnte. Nach der ersten wurde Prada besonders stark von der Seuche heimgesucht. Das ganze Dorf habe sich in der Folge in ein großes Lazarett verwandelt und alle oder zumindest weite Teile der Dorfbewohner seien schließlich der Krankheit erlegen. Die zweite

Ein Gedenkstein erinnert an die Renovierung des Kirchendachs.

Theorie sieht die Einwohner hingegen als Krisenprofiteure. Nachdem die Pest unten in Bellinzona rund ein Drittel der Bevölkerung dahingerafft hatte, sind dort die Preise für Wohnungen und Höfe implodiert. Für die Bewohner von Prada sei das, so die Theorie weiter, eine gute Möglichkeit gewesen, an die ertragreicheren und leichter zu bestellenden Felder im Tal zu kommen.

DIE TADELLOSE KIRCHE Was stimmt, lässt sich heute nicht mehr sagen. Womöglich geschah auch beides gleichzeitig. Dafür spricht zumindest das auffälligste Gebäude in der Ruinenstadt: die Kirche San Girolamo e Rocco. Anders als der Rest des Dorfs ist diese nämlich komplett erhalten. Auch nachdem Prada längst verlassen war, wurden in ihr aus unerklärlichen Gründen weiterhin Prozessionen und Messen abgehalten. Die religiösen Vorschriften sahen sogar vor, dass der Pfarrer vom benachbarten Ravecchia jährlich zwölf Messen im verlassenen Dorf abhält, vier davon an klar bestimmten Feiertagen. Erst gegen Ende des 19. Jahrhunderts sank die Frequenz auf die aktuell zwei Gottesdienste am Pfingstmontag und San Rocco (2. Sonntag im August). Was allerdings noch mehr überrascht: Auch nachdem das Dorf längst ausgestorben war, wurde die Kirche mehrmals erweitert. So fügte man zwischen 1680 und 1690 den Chor an und 1816 wurde – teilweise aus den Steinen der verlassenen Häuser – der Glockenturm errichtet. Hatte man vielleicht die Hoffnung, dass das Dorf irgendwann wieder bewohnt sein würde?

RETTUNGSARBEITEN Um den weiteren Zerfall von Prada zu verhindern, wurde vor einiger Zeit eine Stiftung gegründet. Als Erstes hat diese die üppige Vegetation im Dorf zurückgestutzt, die die Bauwerke bedrohte. Die dicken Baumstümpfe, die man überall sieht, geben einen Eindruck, wie es hier vor ein paar Jahren noch aussah. Trotzdem ist der heutige Zustand wohl näher am Original. Denn »Prada« bedeutet auf Deutsch nichts Anderes als »Wiese«. An den am stärksten gefährdeten Häusern finden aktuell Stabilisierungsarbeiten statt, damit sich auch künftige Generationen dem Schauer der verlassenen Ruinen aussetzen können.

Noch mehr verlassene Dörfer

Ein weiteres interessantes Ruinendorf findet man ganz am Ende des Bavonatals. Prèsa di San Carlo, so der Name des rund ein Dutzend Häuser umfassenden Weilers, wurde bereits im 16. Jahrhundert verlassen, weil der Ort wegen Lawinen und Bergstürzen unbewohnbar geworden war. Zwei Häuser und die Kirche wurden restauriert und können betreten werden. Direkt neben der malerischen Steinkirche sind noch Spuren einer 1975 abgegangenen Lawine zu kennen, die Teile des Eingangsbereichs zerstörte.

Großes Rätsel: Als Prada längst verlassen war, wurde die Dorfkirche noch mehrmals erweitert und ist heute als einziges Gebäude noch intakt.

Der erste Turm auf dem Rundweg, der Fortino Ai Scarsitt, beherbergt eine Fotoausstellung über die Geschichte der Gemeinde Camorino.

12

ANGST VOR ITALIEN

Die Hungertürme von Camorino

Weil Bern aus Sicht Österreichs zu wenig gegen die Unabhängigkeitskämpfer in der Lombardei tat, wurden 1853 rund 6000 Tessiner aus der Lombardei ausgewiesen. Bellinzona antwortete mit einem ungewöhnlichen Beschäftigungsprogramm.

Ort 6528 Camorino. **GPS** 46.165250, 9.017073. **Anfahrt** **ÖV:** Ab Bahnhof Guibiasco mit Postauto bis Camorino, Villaggio, wo der Wanderweg ausgeschildert ist. **Auto:** Auf Autobahn A2 bis Bellinzona Süd, auf In Tirade Richtung Bellinzona, erster Kreisel rechts auf In Busciurina abbiegen und bis Ende fahren. Schilder für Wanderweg folgen.

FÜNF RUNDTÜRME Wer auf der Landstraße von Bellinzona Richtung Süden fährt, muss schon genau wissen, wo er hinschauen muss, um die fünf Rundtürme zu entdecken, die auf den Hügeln oberhalb von Giubiasco teils im Wald versteckt, teils am Rande der Rebberge stehen. Mit ihren eng beieinanderliegenden Schießscharten, die den Blick in alle Richtungen freigeben, sind sie typisch für die Verteidigungsbauten aus der Mitte des 19. Jahrhunderts, die nach den Plänen des Schweizer Generals Guillaume Henri Dufour gebaut wurden. Offiziell heißt die Konstruktion deswegen auch Dufourlinie. Vor Ort sind die Türme jedoch unter einem anderen Namen bekannter: Fortini della Fame, zu Deutsch »Hungerfestungen« – und ihre Entstehungsgeschichte ist ebenso düster, wie es der Name vermuten lässt.

EIN GESPENST GEHT UM IN EUROPA Um ihre Geschichte zu erzählen, setzt man am besten im Jahr 1848 an. Nachdem im Februar in Frankreich bürgerlich-demokratische Aufstände ausgebrochen waren, sprang der revolutionäre Funke rasch auch auf andere Teile Europas über. Das Ziel der Proteste war überall das gleiche: der Sturz der alten autoritären Regierungen, die nach der Niederlage Napoleons durch die Beschlüsse des Wiener Kongresses 1815 wieder an die Macht gekommen waren. Auch im Lombardo-Venezianischen Königreich, das unter der Herrschaft der Habsburger-Dynastie stand, brodelte es.
Im März 1848 gelang es den Mailändern in einem fünftägigen Kampf zwar, die österreichischen Besatzer zu vertreiben. Doch lange halten konnten sich die Aufständischen nicht. Bereits Anfang August 1848 übernahmen die Habsburger in Mailand wieder das Zepter. Um der drohenden Verfolgung zu entgehen, tauchten viele Revolutionäre unter. Etwa 20.000 flohen über die nahe Grenze ins Tessin. Die Forderungen Österreichs, die Verschwörer auszuliefern, lehnte der Bundesrat vehement ab. Dass die Schweiz zudem kaum etwas gegen den grassierenden Schmuggel unternahm, die Teilnahme von Tessiner Freiwilligen am Kampf gegen die Habsburger nicht verhinderte und zudem die

Einige Türme sind in einem schlechten Zustand.

Die zylinderförmigen Bauten aus dem Jahr 1853 haben eine deutlich sichtbare militärische Funktion.

Druckereien in Lugano und Capolago Bücher und Proklamationen für den Unabhängigkeitskampf herstellen ließ, führte zu einer massiven Verschlechterung der Beziehungen an der Südgrenze. Bald nahm sie immer bedrohlichere Ausmaße an.

GRENZSCHLIESSUNGEN Als am 6. Februar 1853 in Mailand erneut ein Aufstand ausbrach, war es dann so weit: Der Generalgouverneur von Lombardo-Venetien, Feldmarschall Josef Wenzel Graf Radetzky von Radetz, verhängte Sanktionen gegen die Schweiz. Begründet wurde der Schritt damit, dass der Aufstand von Lugano aus organisiert worden sei. Gravierender als die Grenzschließung zum Tessin erwies sich die Ausweisung aller Schweizer. Mehr als 6000 Tessiner, vor allem Arbeiter, Handwerker, Kleinhändler und Industrielle, mussten sofort ihre Geschäfte schließen, die Arbeit in ihren Betrieben einstellen, ihre Arbeitsplätze und Baustellen verlassen und in ihre Heimat zurückkehren. Die österreichischen Sanktionen trafen die Tessiner zu einem ausgesprochen ungünstigen Zeitpunkt. Durch eine

Kartoffelkrankheit, die große Teile der Ernte vernichtet hatte, war die Versorgungslage im Tessin angespannt, der Hunger bereits allgegenwärtig. Die Heimkehrer verschärften die Krise zusätzlich. Einerseits wegen der militärischen Bedrohung, zum anderen aber auch zur Bekämpfung von Arbeitslosigkeit und Hunger zog Bern die alten Festungspläne von General Guillaume-Henri Dufour aus der Schublade und ließ ab 1853 südlich von Bellinzona die Befestigungslinie errichten. Rund 500 arbeitslose Tessiner, die kurz zuvor aus dem venezianisch-lombardischen Königreich vertrieben worden waren, fanden so für rund zwei Jahre eine Beschäftigung. Ihren militärischen Nutzen mussten die Hungerfestungen nie beweisen.

LEHRPFAD DURCH DIE HÜGEL Die fünf Türme sind durch einen ausgeschilderten Lehrpfad miteinander verbunden, den der Verein Fortini della fame angelegt hat. Die rund zwei Stunden dauernde Rundroute beginnt gleich hinter der Raiffeisenbank von Camorino und führt über einen kurzen Aufstieg zum ersten Turm, dem Ai Scarsitt, benannt nach einer Patrizierfamilie, die zu Beginn des letzten Jahrhunderts ausstarb. Zusammen mit dem kurz darauffolgenden Ai Munt verfügt er noch über das charakteristische runde Spitzdach. Beim dritten Turm wurde das Dach durch einen Brand schwer beschädigt. Vom vierten Turm stehen nur noch die Mauern und der fünfte, der früher als Lager diente, ist zwar überdacht, aber in keinem guten Zustand. Dafür ist die Aussicht von hier oben besonders schön. Durch den Wald geht es wieder bergab.

Das besondere Erlebnis

Als die Hungertürme gebaut wurden, erstreckte sich unter ihnen keine landwirtschaftlich geprägte Ebene, sondern ein kaum passierbares, mit Malaria verseuchtes Sumpfgebiet. Erst gegen Ende des 19. Jahrhunderts begann man, die Ebene über kleine Kanäle zu entwässern und für die Landwirtschaft nutzbar zu machen – auch aus den Erfahrungen mit Hunger und Armut. Lediglich im Mündungsgebiet des Ticino hat sich ein kleines Moorgebiet erhalten. In der Bolle di Magadino kann man nicht nur Libellen, Frösche und Zugvögel beobachten, sondern auch eine Vorstellung davon bekommen, wie das Tessin noch vor 150 Jahren aussah.

13

GEBURT EINER SÜSSEN VERSUCHUNG

Die ehemalige Schokoladenfabrik Cima Norma

Seit vor 500 Jahren ein Auswanderer aus dem Bleniotal am spanischen Königshof eine Vorform der modernen Schokolade erfunden hat, sind das Tessiner Tal und die zähflüssige Süßigkeit eng miteinander verknüpft. Eine ehemalige Schokoladenfabrik erinnert an die Geschichte.

Ort Fabbrica di Cioccolato Cima Norma, Strada Vecchia 100, 6717 Blenio
GPS 46.491939, 8.955863 **Anfahrt** **ÖV:** Ab Bahnhof Biasca mit Linie 131 Richtung Olivone bis zur Station Dangio, Paese. **Auto:** via Disentis, Lukmanierpass oder Biasca. Zwischen Torre und Aquila auf die alte Hauptstraße abbiegen. Parkmöglichkeiten in der Nähe.

50 Jahre nach dem Produktionsende ist das Emblem der Schokoladenfabrik Cima Norma noch immer deutlich zu sehen.

DIE VERLASSENE FABRIK Ältere Schweizer erinnern sich vielleicht an die ungewöhnlich geformten Schokoladentafeln, in deren Mitte in geschwungener Schrift der Firmenname »Cima« stand und gleich darunter der Produktionsort: »Dangio-Suisse«. Über 55 Jahre sind vergangen, seit die letzten Tafeln die Fabrikhallen verließen. Doch wer durchs Bleniotal fährt, stößt zwischen Torre und Aquila noch immer auf die Produktionsstätte der einst beliebten Süßigkeit und kann über dem Eingangstor sogar den Schriftzug des ehemaligen Schokoladenherstellers erkennen. Ein Lost Place im eigentlichen Sinne ist die Fabrik zwar nicht, schließlich wird ein Teil der Räumlichkeiten von Kulturschaffenden genutzt, die günstige und ruhige Arbeitsräume suchen. Aber der riesige Jugendstilbau mit dem bröckelnden Putz und den heruntergefallenen Fensterläden erzählt eine spannende Geschichte aus längst vergangenen Zeiten und befindet sich zudem an einem Ort, wo man ihn kaum vermuten würde. Wie also ist er entstanden?

PIONIERE DER SCHOKOLADENHERSTELLUNG Das abgelegene Bleniotal war wegen seiner schlechten Verdienstmöglichkeiten schon immer ein Ort, dem die Bewohner gerne den Rücken kehrten – zumindest für eine Weile. Unter den Auswanderern war auch ein außergewöhnlich begnadeter Koch namens Bianchini. Um 1520 hatte er eine Stelle am spanischen Königshof inne, wo er dank seiner Fähigkeiten rasch die Gunst der Königin erwarb. Höchstpersönlich, so will es die Überlieferung, soll sie ihn gebeten haben, etwas Genießbares aus den Kakao-Bohnen zu zaubern, die Entdeckungsreisende kurz zuvor von den Azteken mit nach Hause gebracht hatten. Bianchini tüftelte eine Weile mit dem neuen Werkstoff herum und stellte am Ende ein bitteres Schokoladegetränk her, das mit der »heißen Schoggi«, wie wir sie

Reste von früheren Telefonleitungen an der Fabrik

kennen, herzlich wenig zu tun hatte, jedoch den Geschmack der damaligen Oberschicht genau zu treffen schien. Denn bald erfreute sich das Getränk in gehobenen Kreisen großer Beliebtheit. Ob dies nun Bianchini, wie viele Talbewohner glauben, zum Erfinder der modernen Schokolade macht, darüber lässt sich streiten. Tatsache ist jedenfalls, dass die Blenier bald weithin als hervorragende Chocolatiers galten und in aller Welt erfolgreich Fabriken gründeten.

DIE RÜCKKEHRER Ein Beispiel dafür ist die Familie Cima. Im 19. Jahrhundert war sie nach Nizza ausgewandert und hatte sich dort eine gut laufende Schokoladenfabrik aufgebaut. Als der Vater frühzeitig starb, kehrten die vier Söhne Roco, Clemente, Ernesto und Bernardino an ihren Heimatort zurück und errichteten 1903 mit dem Erbe in Dangio-Torre auf dem Gelände einer ehemaligen Brauerei eine Schokoladenmanufaktur. Möglicherweise wollten die jungen Männer auf diese Weise ihrem Heimatdorf etwas zurückgeben. Sicherlich aber profitierte der Betrieb auch von den zahlreichen einheimischen Bäuerinnen, die bereit waren, in arbeitsarmen Zeiten für wenig Geld in der Fabrik anzuheuern.

HARZIGER START Den hochtrabenden Plänen machte zunächst die Natur einen kräftigen Strich durch die Rechnung. Gerade einmal fünf Jahre nach Produktionsbeginn trat nach heftigen Regenfällen der Riale Soia, der kleine Bach, der noch heute direkt vor dem Gelände vorbeifließt, über die Ufer und zerstörte die Fabrik komplett. Nun rächte sich, dass die Cima-Brüder bei der Versicherung gespart hatten. Um an das für den Wiederaufbau notwendige Kapital zu gelangen, ließen sie den ebenfalls aus dem Bleniotal stammenden Giuseppe Pagani in die Firma einsteigen. Er war in London als Hotelier reich geworden und hatte kurz zuvor die Zürcher Schokoladenmarke Norma gekauft. Die beiden Firmen fusionierten und der teure Standort bei Zürich wurde aufgegeben.

Auf dem früheren Industriegelände haben nun Künstler ihre Ateliers.

1915 folgte bereits der nächste Rückschlag. Ein zerstörerischer Brand machte einen weiteren kompletten Neuaufbau nötig. Diesmal entstanden neben den Produktionshallen auch eigene Arbeiterwohnungen, eine Fabrikkapelle und ein kleines Wasserkraftwerk. Nun nahm das Geschäft an Fahrt auf, die Belegschaft wuchs auf fast 500 Angestellte an und die Schoggi-Tafeln fand man bald im ganzen Land in den Supermärkten. In den 50er und 60er Jahren stieg die Produktion auf bis zu 1.500 Tonnen pro Jahr an.

DER UNTERGANG Obwohl Cima Norma die Produktepalette ständig erweiterte, hatte sie sich über die Jahre in eine gefährliche Abhängigkeit eines einzigen Großverteilers begeben. Als die Coop-Genossenschaft im August 1966 den Vertrag kündigte, fielen der Fabrik auf einen Schlag fast zwei Drittel der Verkäufe weg. Wenngleich verzweifelt nach neuen Absatzmöglichkeiten gesucht und ein beträchtlicher Teil der Belegschaft entlassen wurde, war der Niedergang der stolzen Schoggi-Fabrik nicht mehr aufzuhalten. Im Sommer 1968 wurde der Betrieb eingestellt; kurz darauf zog das Militär ein und verwandelte die leeren Räume in eine Kaserne.

DIE NACHNUTZUNG Als die Armee im Jahr 2000 wieder auszog, kam Bewegung in die ehemalige Fabrik. Der Tessiner Architekt Marino Venturini baute die Anlage teilweise in Lofts um, während sich eine Non-Profit-Stiftung um die Nutzung der restlichen Anlage kümmert. Sie stellt Künstlern Räume zur Verfügung und organisiert das Cima Norma Art Festival. Und seit einigen Jahren werden sogar unter dem Namen Cima Norma wieder alte Retro-Schokoladentafeln angeboten. Hergestellt wird die Süßspeise freilich woanders.

Das besondere Erlebnis

Wer sich etwas eingehender mit der Geschichte der Region beschäftigen will, dem sei das ethnografische historische Museum des Bleniotals in Lottigna empfohlen. Es befindet sich in einem ehemaligen Gerichtsgebäude aus der Mitte des 16. Jahrhunderts, dessen mit Wappen verzierte Fassade alleine schon einen Besuch wert ist. Die Ausstellung widmet sich dem Handwerk.

Von der Straße aus sind verschiedene Gebäude der früheren Schokoladenfabrik gut einzusehen.

Die Überreste von den Bädern von Craveggia
vom italienisch-schweizerischen Grenzfluss aus gesehen.

14

WARMWASSER IM KELLERGEWÖLBE

Die Bäder von Craveggia

Direkt an der Grenze zwischen der Schweiz und Italien liegen die Ruinen eines Kurhotels, dessen Bäderbereich wie durch ein Wunder die Wucht einer Lawine überlebt hat. Während des Zweiten Weltkriegs kam es hier zu schweren Grenzzwischenfällen.

Ort Bagni di Craveggia, 28852 Craveggia (I), **GPS** 46.198036, 8.539593
Anfahrt **ÖV:** Ab Bahnhof Locarno mit Postauto 324 bis Spruga. Danach 40 Minuten zu Fuß. **Auto:** Von Locarno Richtung Centovalli, hinter Cavigliano rechts ins Val Onsernone abbiegen. Beschränkte Parkmöglichkeiten in Spruga

BELLA ITALIA Der hinterste Zipfel des Onsernonetals und damit auch die Bäder von Craveggia befinden sich streng genommen nicht mehr in der Schweiz, sondern bereits einige Meter tief in Italien. Bequem erreichen lässt sich der Ort allerdings seit jeher nur von der Schweiz aus. Von Spruga, dem letzten Dorf im Onsernonetal und der Endstation des Postautos, führt ein gemächlicher Spaziergang in etwa 40 Minuten hinab zum Grenzfluss Isorno, der direkt vor den Ruinen der Therme eine leicht zu überquerende Furt bildet. Wer die Bäder hingegen von Craveggia, der nächstgelegenen Ortschaft in Italien, erreichen will, muss auch heute noch auf alten Saumpfaden eine anspruchsvolle fünfstündige Wanderung durch eine Landschaft voller Zwei- und Dreitausender auf sich nehmen.

BADEN IM ALTEN GEWÖLBE Bereits vom Schweizer Ufer aus sind die drei mit Granitsteinen gemauerten Gewölbe im Hang gut zu sehen. Je näher man der Ruine kommt, desto unheimlicher wird sie. Im Halbschatten der Gewölbe stehen alte Marmorwannen, deren Boden mit einer dicken Schicht Schmutz bedeckt ist. An den Wänden lässt sich noch gut erkennen, wo einst die Kacheln klebten. Geht man noch ein paar Schritte tiefer ins Gebäude hinein, stößt man auf einen steinernen Sammelbehälter, auf dem die Jahreszahl 1824 eingemeißelt steht, das Baujahr. In der wärmeren Jahreszeit ist das Becken bis oben mit frischem Quellwasser gefüllt und bisweilen entdeckt man im kühlenden Nass auch den einen oder anderen müden Wanderer.

SCHWANGER WERDEN LEICHT GEMACHT Bereits im fünften Jahrhundert soll die Quelle mit dem 28 Grad warmen Wasser genutzt worden sein. Weil dem leicht radioaktiven Wasser dank des hohen Jod- und Magnesiumgehalts eine heilende Wirkung bei Verdauungsbeschwerden, Leberproblemen und Syphilis nachgesagt wurde, entstand 1823 das Kurhotel »Albergo Stabilimento dei Bagni di Craveggia«: ein vierstöckiges Gebäude mit 16 Bädern im Untergeschoss sowie Zimmern und Sälen in den oberen Stockwerken. Obwohl sogar Gäste aus dem fernen Mailand – darunter viele Frauen mit Kinderwunsch – ins Niemandsland auf gut tausend Metern über dem Meer kamen, blieb dem Betrieb allerdings der große Erfolg verwehrt. Zu beschwerlich war die Anreise, zu klein das Hotel und zu wenig Wasser sprudelte aus der Quelle. Rückblickend erstaunt sogar, dass man sich nach einem Brand im Jahr 1881 entschloss, das Gebäude erneut aufzubauen.

DIE MACHT DES SCHNEES Das endgültige Aus kam 1951. Dass der Winter nichts Gutes bringen würde, dürfte man im hinteren

Hinter diesen Kellerfenstern verbergen sich die vergessenen Bäder.

Das italienische Zollgebäude ist dem Zerfall übergeben.

Onsernonetal früh geahnt haben. Schon im November waren ungewöhnlich große Mengen an Schnee gefallen. Im Februar führte schließlich eine mehrere Tage anhaltende Föhnlage zu so viel Niederschlag, dass die Schneedecke auf das Sechsfache eines gewöhnlichen Winters anwuchs. Als sie allzu dick wurde, donnerten rund anderthalb Millionen Kubikmeter Schnee ins Tal, direkt auf das glücklicherweise im Winter geschlossene Kurhotel. Die Mauern konnten dem gewaltigen Druck nicht standhalten und wurden mitgerissen. Lediglich die Bäder im Keller der Herberge überlebten die Katastrophe mehr oder weniger unbeschadet.

SANFTE RENOVATION Anders als beim Brand 70 Jahre zuvor, fehlten diesmal Geld und Wille, das Hotel neu aufzubauen. Über Jahrzehnte rottete die Ruine vor sich hin, wurde in den späten 1970er Jahren durch ein Hochwasser noch stärker beschädigt und drohte sogar eine Weile, in einem insbesondere von Italien anvisierten, aber letztlich nie realisierten Stausee zu verschwinden. Erst vor einigen Jahren wurden die Überreste der Therme im Rahmen des grenzüberschreitenden Projekts Frontiera di acqua e di pace sanft restauriert, ohne dabei jedoch den Charakter des Lost Place stark zu verändern. Decken wurden stabilisiert, an gefährlichen Stellen Geländer angebracht und vor den verwitterten Portico zwei Granitwannen und ein Kneippbecken an die warmen Quellen angeschlossen. Seither ist es wieder möglich, wie die Adeligen im 19. Jahrhundert das heilende Wasser in aller Seelenruhe zu genießen.

ORT DES WIDERSTANDES Nicht immer ging es an der Grenze derart friedlich zu und her. Nach dem Sturz Mussolinis im September 1943 und der Entwaffnung der italienischen Armee durch die deutsche Wehrmacht entstanden im ganzen Land »Freie Republiken«. Darunter am 10. September 1944 die von Partisanen gegründete »Repubblica d'Ossola«, ein 1.600 Quadratkilometer großes Gebiet rund um die Stadt Domodossola mit etwa 75.000 Einwohnern. Lange Bestand hatte das politische Gebilde nicht. Mussolini, der inzwischen unter der Bezeichnung italienische Sozialrepublik einen deutschen Marionettenstaat gegründet hatte, schickte seine Soldaten, um das abtrünnige Gebiet zurückzuerobern. Wohlwissend, dass sie sich nicht mehr lange werden halten können, hatte ein Partisanenkommandant die Schweiz frühzeitig darum gebeten, seinem Verband Schutz zu gewähren. Da das Schweizer Neutralitätsrecht dies nur bei unmittelbarer Todesgefahr erlaubte, ließ man die Kämpfer warten, bis die ihnen über den Pass nacheilenden deutschen und italienischen Soldaten tatsächlich das Feuer auf sie eröffneten. Rund 250 Kämpfern und zahlreichen Zivilisten gelang die Flucht nach Spruga. Zwei Männer starben im Kugelhagel – einer von ihnen hatte bereits Schweizer Boden erreicht. Zornig verlangte der italienische Kommandant die Auslieferung der »Banditen« und drohte mit einem Angriff auf die Schweiz. Dazu kam es nicht. Möglicherweise, weil Schweizer Grenadiere die Stellung noch am gleichen Tag verstärkten und ankündigten, die Grenze notfalls mit Waffengewalt zu verteidigen.

ALTES ZOLLHÄUSCHEN Die oben beschriebene »Schlacht von Craveggia«, die heute als eine der schwersten Zwischenfälle an der Schweizer Außengrenze während des Zweiten Weltkriegs gilt, hat ebenfalls auf dem Gelände Spuren hinterlassen. Gleich oberhalb des Bades erinnert eine Tafel an die Opfer. An der Stelle, wo der Mailänder Partisanenleutnant Federico Marescotti auf Schweizer Boden erschossen wurde, steht zudem heute ein kleines Granitkreuz. Spannend auch das ehemalige rote Grenzwärterhäuschen des italienischen Zolls. Es befindet sich wenige Gehminuten flussabwärts und strahlt mit seinen vergitterten Fenstern und dem abblätternden rosa Anstrich ebenfalls den Charme eines Lost Place aus. Direkt vor dem Gebäude befindet sich eine Brücke über den Fluss, ideal für alle, die trockenen Fußes zu den Bädern gelangen wollen.

Das besondere Erlebnis

Wer im Onsernonetal unterwegs ist, nimmt früher oder später den Duft von Popcorn wahr. Er entsteht bei der Produktion von »Farina Bona«, einem aromatischen Mehl, das aus der feinen Vermahlung von gerösteten Maiskörnern gewonnen wird. Ende des 19. Jahrhunderts produzierten im Tal rund 27 Mühlen das »gute Mehl«. Viele Betriebe sind seither verschwunden, doch zuletzt wurden einige Mühlen liebevoll renoviert und können von Besuchern besichtigt werden. Besonders schön: das Mühlendorf Vergeletto, wo am Bach Remiasco gleich drei der fünf Mühlen wiederhergestellt wurden. Ebenfalls lohnt sich ein Besuch der Mühle von Loco. Während man unten den Mühlsteinen bei der Arbeit zusehen kann, befindet sich oben eine kleine Ausstellung über Geschichte und Technik der Onsernoner Mühlen.

Wer in die alten Kellergewölbe absteigt, findet noch immer die originalen Badewannen.

15

GRABEN IM NATURSCHUTZGEBIET

Die ehemalige Zementfabrik Saceba

Als man vor einigen Jahren die Braggia-Schlucht in ein Naturschutzgebiet verwandelte, war die Frage, was mit der ehemaligen Zementfabrik passieren sollte. Schließlich entstand die Idee für eine spannende Nachnutzung des südlichsten Lost Place der Schweiz.

Ort Via dei Grotti 3, 6834 Morbio Inferiore. **GPS** 45.854933, 9.012611
Anfahrt **ÖV:** Ab Bahnhof Mendrisio mit Stadtbus 3 bis Morbio Inferiore, Posta.
Auto: Auf Autobahn A2 bis Ausfahrt Chiasso, Wegweiser Morbio Inferiore folgen, links abbiegen auf Via Maestri Comacini und dieser bis ans Ende folgen.
Parkplätze vorhanden. Info: www.parcobreggia.ch

Als das Braggiatal unter Naturschutz gestellt wurde, ließ man die Ruinen der Zementfabrik Saceba als Teil eines Zementlehrpfads stehen.

SCHANDFLECK IM NATURSCHUTZGEBIET Wie die Zeit verstreicht, lässt sich an der ehemaligen Zementfabrik Saceba ganz im Süden des Tessins leicht erkennen – und zwar gleich in zweierlei Hinsicht: Zum einen ist da der deutlich sichtbare Zerfall. Mauern sind eingestürzt oder mit Graffitis übersprayt, die Kabine des Lastenkrans, der hoch über der nur noch aus ihren Trägern bestehenden Produktionshalle hängt, hat sich in die sprichwörtliche Rostlaube verwandelt und aus den Ritzen im Betonboden schießt überall Gras in die Höhe. Dass die Anlage einige Jahre auf dem Buckel hat, erkennt man allerdings auch, wenn man den Blick durch die Umgebung schweifen lässt. Die Industrie-Ruine befindet sich nämlich inmitten eines Naturschutzgebiets. Heute, so dürfte es vielen als Erstes durch den Kopf gehen, würde ein Betonwerk an dieser Stelle niemals eine Baubewilligung erhalten.

FENSTER IN DIE ERDGESCHICHTE Tatsächlich ist die Situation aber etwas komplizierter und wer die Geschichte des Zementwerks erzählen will, beginnt am besten mit dem, was die Natur hier einzigartig macht. Die Breggia ist ein Wildbach, der in der italienischen Provinz Como am Fuße des Monte Generoso entspringt, nach wenigen Kilometern die Grenze überquert und anschließend das Muggiotal durchfließt, das südlichste Tal des Tessins. Nach dem Dorf Morbio Inferiore taucht der Fluss plötzlich in den weichen Untergrund aus Kalkstein ein, der sich während der Jura- und Kreidezeit auf dem Boden des Ur-Ozeans zwischen

Alte Maschine
für den Kalkabbau

Ein alter Lastenkran erinnert an Zeiten der industriellen Produktion.

Europa, Nordafrika und Asien gebildet hat. Hier hat das Wasser über Jahrtausende eine rund 1,5 Kilometer lange Schlucht gegraben, die Gole della Breggia. Dabei wurden Gesteinsschichten freigelegt, die einen tiefen Blick zurück in die Erdgeschichte erlauben. Auf einem kurzen Spaziergang zwischen der »Punt da Canaa« und der alten Fabrik gelingt dies besonders gut. Ein Themenweg mit mehreren Schautafeln vermittelt allerhand Wissenswertes zur Geologie des Tals. Wer etwas genauer hinschaut, kann in den Felsen zahlreiche, Millionen Jahre alte Fossilien von Muscheln und gar kleinen Sauriern erkennen. Mitnehmen sollte man die Fundstücke allerdings nicht. Das ist streng verboten.

150000 TONNEN ZEMENT Nun ist es aber so, dass das kalkhaltige Gestein auch ausgerechnet der Rohstoff ist, der für die Herstellung von Zement benötigt wird. Ab 1963 begann die Firma Saceba das Gestein abzubauen und in den wertvollen Baustoff zu verarbeiten. Bis zu 150 000 Tonnen Zement entstanden so pro Jahr, was etwa der Hälfte des im Kanton verbrauchten Materials entsprach. Aus unternehmerischer Sicht war es sinnvoll, das Werk dort zu errichten, wo das Gestein gewonnen wurde. Dies geschah zunächst im Tagebau, doch schon bald ging man zum Stollenabbau über. Als die Tunnel 1980 eine Länge von 4,5 Kilometer erreicht hatten, verbot Morbio Inferiore aus Furcht vor einem Einsturz

Nur Teile der alten Produktionsanlagen haben sich bis heute erhalten.

den weiteren Ausbruch. Sacaba musste nun den Rohstoff von auswärts herbeischaffen, was sich negativ auf die Wirtschaftlichkeit des Werks auswirkte. 2003 kam das endgültige Aus. Doch anstelle des üblichen Rückbaus entschied man sich für einen Teilerhalt der Anlage, die um einen didaktischen Lehrpfad zur Zementproduktion erweitert werden sollte. Interessierte erfahren nicht nur in Filmen und Schautafeln von der früheren industriellen Tätigkeit, sondern können in geführten Touren auch den unterirdischen Kalksteinbruch begehen, der über Jahre der Fabrik das Rohmaterial lieferte, sowie die früheren Ofentürme besichtigen, die heute als Ausstellungs- und Lehrräume dienen.

Das besondere Erlebnis

Etwa zehn Kilometer flussaufwärts (die Route ist in zwei Stunden auf einem malerischen Wanderweg zu schaffen) befindet sich die noch immer funktionsfähige Wassermühle von Bruzella. Die erstmals 1296 dokumentierte Mühle war über die Jahre immer wieder verändert und vergrößert worden. Seit 1996 beherbergt sie ein ethnografisches Museum, das in die Geschichte und die Brauchtümer des Muggiotals einführt. Feinschmecker können hier hervorragendes Maismehl für ihre Polenta kaufen. Museo Etnografico Valle di Muggio, 6837 Bruzella, www.mevm.ch

Die Remigiuskirche liegt in der Nähe einer bedeutenden Kult- und Astronomiestätte aus vorrömischer Zeit. (Kapitel 18)

GRAUBÜNDEN

An der stillgelegten Strecke der Misoxerbahn findet man noch immer jede Menge Eisenbahnrelikte. Hier Bahnhof Leggia.

16

EISENBAHNRELIKTE AM HISTORISCHEN PASS

Die Misoxerbahn von Bellinzona bis Mesocco

Einst sollte die Misoxer Schmalspurbahn von Bellinzona über den San Bernardino ins Bündnerland führen. Gebaut wurde aber nur der erste Abschnitt. Heute kann man auf der stillgelegten Strecke durch Tunnels und über verlassene Brücken wandern und sich auf die Suche nach ehemaligen Bahnhöfen machen.

Ort Alter Bahnhof Mesocco, Strécia de Criméi 90, 6563 Mesocco **GPS** 46.390232, 9.233970
Anfahrt **ÖV:** Ab Chur, Thusis oder Bellinzona am schnellsten mit Postauto Linie 171 bis Mesocco Stazione. **Auto:** Über A13 bis Ausfahrt Mesocco, der Bahnhof befindet sich gleich am Ortseingang rechts. Parkmöglichkeiten vorhanden.

ENDSTATION FÜR BAHNHOF Man muss schon etwas genauer hinsehen, um auf dem fleckigen Verputz die Aufschrift »Mesocco« noch zu erkennen. Wie ein leichter Schatten ziehen sich die großen Buchstaben über die Fassade der ehemaligen Endstation am Rand des malerischen Bergdorfs. Der Bahnhof hat definitiv schon bessere Tage gesehen: Die Fenster sind mit Holzbrettern verriegelt, von der Sitzbank ist gerade noch der Betonsockel übrig und beim Brunnen fehlt ein Teil der Wanne, womöglich von Vandalen abgeschlagen. Ein Zug wird am gespenstig ruhigen Bahnhof nicht mehr halten. Die beiden Gleise vor dem Perron verlieren sich nach wenigen Metern im Teer. Auf der gegenüberliegenden Seite des ehemaligen Schienenbetts zieht sich die frühere Reparaturwerkstatt hin, ebenfalls mit bröckelndem Verputz und dem einen oder anderen Graffiti überzogen. Ein paar Vorhänge und geparkte Autos lassen allerdings erahnen, dass in diesem Teil der Bahnhofsanlage noch ein Rest von Leben herrscht.

ZU WENIG PASSAGIERE In Mesocco endete die 31 Kilometer lange Schmalspurbahn, die das bündnerische Misox mit der Tessiner Kantonshauptstadt Bellinzona verband. Die 1907 feierlich eingeweihte Strecke sollte ursprünglich Richtung Norden über den San Bernardino Pass bis ins Bündnerische Thusis verlängert werden, wo Anschlussmöglichkeiten zur Rhätischen Bahn bestanden. Eine entsprechende Konzession war sogar erteilt worden. Doch obwohl in den ersten Jahren stattliche Gewinne erwirtschaftet werden konnten, verwandelte sich die Società Ferro-

Heute ist die ehemalige Bahntrasse ein malerischer Wanderweg durch drei Tunnels und über rund 30 Brücken.

↑ Alte Bahnbrücke mitten im Dorf Soazza

↗ Die Endstation der Misoxerbahn in Mesocco ist mittlerweile verlassen und verfallen.

via elettrica Bellinzona–Mesocco in den Krisenjahren ab dem Ersten Weltkrieg rasch zu einem Sorgenkind. Der stark defizitären Bahn gelang es nun nicht mehr, das Geld für einen weiteren Ausbau aufzubringen. Um einen Kollaps zu verhindern, fusionierte die Betreibergesellschaft 1942 mit der Rhätischen Bahn. Doch die Probleme im dünn besiedelten und wenig industrialisierten Tal waren grundsätzlicher Natur und so konnte auch die rasch eingeleitete Modernisierung des Rollmaterials die fehlende Nachfrage nicht wettmachen. Als mit dem San Bernardino Tunnel eine wintersichere Verbindung nach Graubünden geschaffen worden war, war das Schicksal der Bahn besiegelt. 1972 wurde der Personenverkehr komplett von der Schiene auf die Straße verlegt.

LANGSAMER RÜCKBAU Für die Bahnstrecke bedeutete das noch nicht das sofortige Aus. Zwar wurde der 3,5 Kilometer lange Abschnitt von Bellinzona bis Castione-Arbedo, dem Umsteigebahnhof zur Gotthardstrecke, unverzüglich rückgebaut. Auf der restlichen Strecke wurden jedoch weiterhin Waren transportiert. Das Stahlwerk der Monteforno SA (später Von Roll) zwischen Lumino und San Vittore im unteren Misox gehörte zu den wichtigsten Kunden. Doch der Zerfall ließ sich nun nicht mehr aufhalten. Als im August 1978 ein Unwetter den Teil der Strecke oberhalb von Cama stark beschädigte, lohnte es sich nicht mehr, die für die Reparatur nötig gewesenen 700.000 Franken zu investieren. Offiziell wurde der obere, besonders malerische Teil der Strecke im Dezember 1979 stillgelegt und anschließend rückgebaut. Als ein paar Jahre darauf das erwähnte Stahlwerk in finanzielle Schwierigkeiten kam, brach auch die Nachfrage nach dem Güterverkehr so stark ein, dass er 2003 eingestellt wurde. Eine

Ein Triebwagen von 1933 wird in Grono von einer Firma als Sitzungsraum genutzt.

Museumsbahn mit historischen Wagen verkehrte noch zehn Jahre im Sommer an den Wochenenden, dann war auch damit Schluss.

MALERISCHER WANDERWEG Inzwischen sind die Gleise auf der ganzen Route entfernt. Der ehemaligen Trasse kann man jedoch noch immer auf einem kurzweiligen und vergleichsweise unbekannten Wanderweg folgen, der an alten Wehrtürmen und Burgen sowie an Kirchen und Kapellen vorbeiführt. Vor allem aber gibt es viel aus der Vergangenheit der Misoxerbahn zu entdecken. Nicht nur die drei Tunnels und fast 30 Brücken existieren noch größtenteils, auch die Bahnhöfe und Haltestellen sind erhalten geblieben – manche liebevoll renoviert und in Wohnhäuser oder öffentliche Bibliotheken verwandelt, andere kurz vor dem Verfall. Sogar früheres Rollmaterial findet man: Beim Bahnhof von Leggia steht ein gelber Güterwagen mit einer Planzer-Bemalung; auf dem Firmengelände der CENSI Technica Ferroviaria in Grono findet man, von außen gut sichtbar, einen 1933 in Betrieb genommenen Personentriebwagen der Museumsbahn, der in einen Konferenzraum umgestaltet wurde.

Das besondere Erlebnis

Wer mehr über das Misox erfahren möchte, kann sich in den Sommermonaten das Museo Moesano in San Vittore ansehen. Im herrschaftlichen Haus werden einerseits die Misoxer Architekten, Baumeister und Künstler vorgestellt, zum anderen auf das reiche archäologische Erbe des Tals eingegangen. Besonders eindrücklich sind die original eingerichteten Zimmer im Erdgeschoss. www.museomoesano.ch

17

AM ORT EINES BRUTALEN FÜNFFACHMORDS

Die Weihermühle von Bonaduz

Ein selten brutales Blutbad stellte die Ermittler vor die Frage: Wer hat die beiden schwangeren Frauen und den Müller ermordet? Auch 200 Jahre später ist das Verbrechen in der Weihermühle von Bonaduz nicht restlos aufgeklärt.

Ort Sculmserstrasse 111, 7402 Bonaduz **GPS** 46.806962, 9.372687
Anfahrt ÖV: Ab Bahnhof Bonaduz nur in einem halbstündigen Fußmarsch zu erreichen. **Auto:** Auf A13 Ausfahrt Bonaduz. Im Dorf weiter auf Versamerstrasse und in Sculmserstrasse abbiegen. Nach etwa 1,2 km befindet sich die Mühle links auf einer Lichtung.

Die Weihermühle außerhalb von Bonaduz war Schauplatz eines blutigen Verbrechens.

EIN VERBRECHEN KÜNDET SICH AN Noch bevor die Sonne aufgegangen war, standen an jenem schicksalhaften Morgen des 12. Juli 1821 bereits die ersten Kunden vor der Weihermühle, um Mehl und Brot zu kaufen. Das Gebäude lag ein gutes Stück außerhalb des Dorfs in einer feuchten Mulde – was möglicherweise dazu beigetragen hat, dass niemand merkte, was in der Nacht passiert war. Die kleine Gruppe klopfte an die Tür, doch anders als sonst regte sich nichts. Verwundert sahen sich die Besucher um. Als der Blick einer Frau über die Holzscheite unter der Treppe wanderte, entdeckte sie dort ein blasses Bein, das aus dem Haufen hervorlugte. In böser Vorahnung begannen die Leute die Hölzer beiseitezuräumen und zogen die Leiche der Magd hervor.

ZWEI SCHWANGERE FRAUEN Die inzwischen weiter angewachsene Gruppe machte sich nun daran, die Hintertür der Mühle aufzuwuchten. Im Innern offenbarte sich ein Bild des Grauens: Überall war Blut verschmiert. Die Männer drangen ins Schlafzimmer vor, wo sie die Leichen des Müllers und einer zweiten Magd fanden. Beide Körper waren in einem dramatischen Zustand, malträtiert von Axthieben und zerstochen von Messern. Könnte es sich vielleicht um ein trauriges Beziehungsdrama gehandelt haben? Zumindest ein Motiv wäre vorhanden gewesen: Sowohl die jüngere wie auch

die zehn Jahre ältere Magd waren sichtbar schwanger und erwarteten ein Kind vom Müller. Ebenfalls war im ganzen Dorf bekannt, dass er die frühere Magd weggeschickt und sich die zehn Jahre jüngere als Geliebte genommen hatte, nachdem er von der Schwangerschaft erfuhr. War sie vielleicht an jenem Abend in die Mühle zurückgekehrt, um vom Vater ihres Kindes finanzielle Unterstützung zu verlangen oder gar um sich zu rächen? Doch aus einem einfachen Grund überzeugte dieser Verdacht nicht: Wenn es wirklich ein Eifersuchtsdrama gewesen war, wieso waren dann alle drei tot?

TODESSTRAFE FÜR EINEN Alles wurde klarer, als man kurz darauf eine blutige Axt fand, die notdürftig vor dem Haus unter ein paar Ästen versteckt worden war. Der Knecht hatte sie am Vorabend bei einem ortsbekannten Tagelöhner namens Franz Rimmel gesehen, als dieser auf Besuch zur Mühle kam. Unverzüglich wurde eine Suche nach dem fliehenden Tiroler ins Leben gerufen und bereits am nächsten Tag können ihn die Landjäger in der Nähe vom Splügenpass aufgreifen. Der 52-Jährige gestand die Tat unverzüglich. Er habe aufgewühlt von einem Streit den Müller in der Nacht auf dem Ofen erschlagen, anschließend die beiden Frauen getötet und sei dann mit etwas Beute geflüchtet, sagte er beim Verhör. Obwohl sofort Zweifel laut wurden, ob der schmächtige Täter ohne fremde Hilfe in der Lage gewesen war, den kräftig gebauten Müller vom angeblichen Ort des Mordes an den Fundort zu tragen, beharrte Rimmel darauf, das Verbrechen alleine begangen zu haben. Die überraschende Wende kam zwei Wochen später, als zwei Mittäter angezeigt wurden. Nun erst kam raus, dass Rimmel gemeinsam mit den Brüdern Hans und Hans Martin Bonadurer geplant hatte, den Müller zu betäuben und auszurauben – ein Plan, der gründlich schiefging. Rimmel, der zum Tod durch den Strick verurteilt wurde, wo er »hängen bleiben soll, bis er von alleine abfällt«, entzog sich dem Urteil durch Selbstmord. Die beiden Brüder kamen lebenslänglich ins Gefängnis.

VORLAGE FÜR ROMAN Die Mühle liegt noch immer abgelegen auf einer Lichtung wie in der Mordnacht und kann von außen gut angesehen werden. Über die Fassade ziehen sich Risse, die braunen Fensterläden sind fest verschlossen. Auf der linken Seite erkennt man die Reste von dem, was einmal das Mühlrad war. Der Bach, der die Mühle einst antrieb, hat sich ein paar Meter weiter einen anderen Weg gesucht. Selbst wenn man nichts von der blutigen Tat wüsste, wirkt der Ort unheimlich. Dass man sich heute überhaupt an den alten Mordfall erinnert, ist dem Bündner Schriftsteller Silvio Huonder zu verdanken. Nachdem er in der Churer Kantonsbibliothek zufällig auf den nie restlos geklärten Fall gestoßen war, bastelte er daraus den Roman »Die Dunkelheit in den Bergen«. In ihm bettet er den Mordfall in ein spannendes Sittengemälde über das Bündnerland des früheren 19. Jahrhunderts, das noch immer an den Folgen der Plünderungen durch Napoleons Truppen litt.

Das besondere Erlebnis

Wer nach dem aufwühlenden Verbrechen etwas Ruhe sucht, findet sie in der nahe gelegenen Rheinschlucht. Ein dichtes Wandernetz führt durch die vielfältige Landschaft mit hellen Steilwänden, weiten Wäldern und kleinen Seen. In den Auenwäldern brüten seltene Vögel.

Mit so einer Axt
könnte der Täter seine Opfer erschlagen haben.

Die bis zu drei Meter hohen Menhire bei Falera geben heutigen Forschern jede Menge Rätsel auf.

18

GEHEIMNISVOLLE STEINE

Der Parc La Mutta

Auf einer sanften Hügelkuppe direkt neben dem Ferienort Falera befindet sich ein sagenumwobener Kraftort: der Parc La Mutta. Hinter den 36 bis zu drei Meter hohen, geometrisch angeordneten Menhiren verbirgt sich eine Art Schweizer Stonehenge.

Ort Parc La Mutta, 7153 Falera **GPS** 46.799377, 9.234810
Anfahrt **ÖV:** Ab Bahnhof Chur mit Postauto Linie 81 bis Endstation Falera Center. **Auto:** Autobahn A13 bei Reichenau verlassen Richtung Flims. Kurz vor dem Ortsausgang von Laax führt die schmale Via Falera hoch zum Park. Großer Parkplatz vorhanden.

STEINE FÜR DIE EWIGKEIT Was es mit den teilweise stark verwitterten Granitblöcken auf sich hat, ist wissenschaftlich nicht restlos geklärt – und wird womöglich auch für immer im Dunkeln bleiben. Forscher sind sich aber weitgehend einig, dass es sich bei den 36 Felsbrocken um sogenannte Menhire handelt. Das aus dem Keltischen stammende Wort setzt sich zusammen aus »maen« für Stein und »hir« für lang. Es bezeichnet Felsbrocken, die in prähistorischer Zeit aufgerichtet wurden. Die geläufigere Bezeichnung: Hinkelsteine. Solche Steinsammlungen sind für sich genommen keine Seltenheit und vor allem in der Westschweiz häufig zu finden. Was den Parc La Mutta zu etwas Besonderem macht, ist seine Größe: Nirgendwo in der Schweiz gibt es eine größere prähistorische Kultstätte dieser Art.

ZEITMESSUNG IN GROSS Errichtet wurde die Anlage wahrscheinlich während der Bronzezeit vor rund 3500 Jahren. Damit

MITTENDRIN Der vielleicht geheimnisvollste Ort dieses Buches liegt erstaunlich wenig abseits: Bis zum westlichen Dorfrand von Falera, einem verschlafenen Bauerndörfchen in der Surselva auf rund 1250 Metern über dem Meeresspiegel, sind es gerade einmal ein paar Schritte, in eine andere Richtung kommt man rasch zu einer beliebten Grillstelle mit einem grandiosen Ausblick ins Vorderrheintal. Außerdem liegen mit Flims und Laax zwei bekannte Skiorte gleich um die Ecke. Dass die bis zu drei Meter hohen und mehrere Tonnen schweren Steine, die sich in regelmäßigen Linien über die Kuppe eines Hügels ziehen, außerhalb der Region eher unbekannt sind, lässt sich schwer erklären. Unauffällig sind sie bestimmt nicht.

Moosbewachsene Felsen geben dem Ort eine geheimnisvolle Stimmung.

gehört sie zu den jüngeren Vertretern der Megalithkultur. Doch was könnte unsere Vorfahren dazu bewogen haben, die schweren Steine vom Hang oberhalb des Dorfes an ihre heutige Stelle zu transportieren und in mehreren Reihen aufzustellen? Verlässliche Quellen gibt es nicht. Einen Hinweis könnte aber die Ausrichtung der verschiedenen Steinreihen geben. So weist nämlich eine genau auf den Punkt, wo die Sonne zur Zeit der Sommersonnenwende aufgeht, eine andere dorthin, wo sie zur Zeit der Wintersonnenwende versinkt. Außerdem lässt sich mit Hilfe der Steinreihen leicht die Tagundnachtgleiche bestimmen. Es liegt deshalb nahe, die Steine als eine frühere Form eines Kalenders zu verstehen, mit dem beispielsweise der ideale Zeitpunkt für die Aussaat und die Ernte bestimmt werden kann. Auf astronomische Beobachtung lässt auch ein anderer Stein schließen, in den Pfeil und Bogen mit einer sichelförmigen Spitze geritzt sind: Er zeigt genau auf die Stelle, wo am 25. Dezember 1089 v. Chr. um 10.17 Uhr eine Sonnenfinsternis zu sehen war. Unumstritten ist das alles aber nicht. Kritiker weisen etwa darauf hin, dass Peilungen grundsätzlich zu ungenau seien, weil die Steine zu nahe beisammenstehen. Zudem ließe sich grundsätzlich zu jeder beliebigen Visurlinie eine passende Linie zu Sonne, Mond oder Sterne finden.

DIE BRONZEZEITSIEDLUNG Die Menhire sind allerdings nicht die einzige Attraktion auf dem Hügel. Auffällig ist dort vor allem auch die Kirche mit dem mittelalterlichen Steinturm und einem kleinen Friedhof. Sie ist dem heiligen Remigius geweiht und, wie viele andere Kirchen in der Region, an einer Stelle errichtet worden, die schon vor dem Christentum kultischen Handlungen

Die in langen Reihen angeordneten Steine könnten während der Bronzezeit astronomischen Zwecken gedient haben.

Auf der Bergkuppe lebten in der Bronzezeit zwischen 100 und 150 Menschen in Holzhütten.

diente. Direkt hinter der Kirche beginnt ein Rundweg, der einmal um die Hügelkuppe führt. Wo heute ein dichter Wald wächst, befand sich von zirka 2000 bis 800 v. Chr. eine bronzezeitliche Siedlung. In den Rundholzhütten lebten 100 bis 150 Menschen. Auch wenn nicht viel davon übrig geblieben ist, kann man bei genauerem Hinsehen noch immer die mit Moos bewachsenen Überreste alter Mauern entdecken. Archäologen fanden bei Grabungen eine Herdstelle, Keramikreste, Mahlsteine und Bronzesicheln für den Ackerbau. Der wichtigste Fund ist allerdings eine 83 Zentimeter lange Scheibennadel aus der frühen Bronzezeit, die man heute im Rätischen Museum in Chur besichtigen kann. Sie besteht aus einem ovalen Kopf mit Buckeln und eingravierten Linien und einem angeschmiedeten Dorn. Diente sie dazu, die Umlaufzeit der Venus zu berechnen, wie eine Theorie lautet? Stammte sie von den gleichen Menschen, die vor über drei Jahrtausenden die Steine aufstellten? Man weiß es nicht, aber ein Spaziergang auf dem Hügel regt auf alle Fälle die Fantasie an.

Das besondere Erlebnis

Ganz in der Nähe – und offenkundig viel bekannter – ist der für seine türkisgrüne Farbe berühmte Caumasee. Entstanden ist er vor 10.000 Jahren nach einem Bergsturz. Obwohl er keine oberirdischen Zu- und Abflüsse aufweist, füllt sich der »See der Mittagsruhe« wie von Geisterhand durch ein großes unterirdisches, wasserführendes Karstsystem. Im für die Höhenlage überraschend warmem Wasser kann man baden.

19

ALS FLÜCHTLINGE WEGE BAUTEN …

Der Polenweg von Tavanasa nach Ilanz

Eine ganze Division polnischer Soldaten floh im Zweiten Weltkrieg in die Schweiz. Dort bauten sie als Internierte jede Menge Wege und Straßen in den abgelegenen Bergregionen. Viele dieser Polenwege kann man sich heute noch ansehen.

Start- oder Endpunkt: Polenweg, 7130 Ilanz/Glion. **GPS** 46.771675, 9.192450
Anreise ÖV: Mit Rhätischer Bahn bis Bahnhof Ilanz. Regelmäßig auch historische Bahnfahrten.
Auto: Auf Autobahn A13 bis Ausfahrt Reichenau, Hauptstrasse 19 Richtung Flims, am Dorfende Ilanz links über Brücke.

Die Holzbrücke von Rueun ist wahrscheinlich der schönste Zugang zum Polenweg zwischen Tavanasa und Ilanz.

FLUCHT IN DIE SCHWEIZ In Frankreich kämpften 1940 auch rund 80 000 polnische Soldaten gegen Nazi-Deutschland. Nach der Besetzung ihrer Heimat durch die Wehrmacht waren sie über Ungarn, Kroatien und das Mittelmeer nach Frankreich gelangt, wo sie sich neu gruppierten und der französischen Armee anschlossen. Die 2. Schützendivision, die am 10. Juni 1940 nach Belfort verlegt wurde, bestand ebenfalls aus solchen Männern. Sie sollte dabei helfen, die eingekesselte Stadt gegen die vorrückenden Deutschen zu verteidigen. Die Lage erwies sich allerdings als aussichtslos und bereits weniger als eine Woche nach ihrer Ankunft fiel die Stadt. Die polnische Division zog sich gemeinsam mit den französischen Kameraden zurück. Um sich nicht den nachfolgenden Deutschen ergeben zu müssen, stellten die Truppen einen formellen Antrag, die Schweizer Grenze überqueren zu dürfen, und so betraten am 20. Juni in der Nähe von Goumois rund 30.000 französische und 12.000 polnische Soldaten Schweizer Boden. Damit begann die eigentümliche und heute kaum noch bekannte Geschichte der polnischen Kriegsgefangenen in der Schweiz.

Gedenktafel für die während des Zweiten Weltkriegs internierten polnischen Soldaten

VOM LAGER IN DIE DÖRFER Wie es die Haager Landkriegsordnung und das Schweizer Neutralitätsrecht vorsahen, wurden die ausländischen Kombattanten direkt entwaffnet und in ein Internierungslager gebracht, wo sie bis zum Ende des Kriegs bleiben sollten. Der Bund ließ deswegen hastig bei Büren an der Aare ein „Concentrationslager“ (ein zu jener Zeit noch nicht so stark belastetes Wort wie heute) errichten. Obwohl niemand im mit Stacheldraht umgebenen Barackendorf um Leib und Leben fürchten musste, waren die Bewohner mit ihrer Unterbringung alles

Der Weg führt entlang des Vorderrheins durch wilde Landschaften.

andere als zufrieden. Platzmangel, schwierige hygienische Zustände und wohl auch Langeweile führten dazu, dass Ende 1940 ein Aufstand ausbrach. Von nun an setzte die Schweiz auf eine dezentrale Unterbringung in über 1200 Orten in der ganzen Schweiz. Das Großlager wurde aufgegeben. Nur die ehemalige Wäscherei hat sich bis heute erhalten, zudem erinnert an einer nur noch schwer zu findenden Stelle ein Gedenkstein an die Internierten.

HEIRATS- UND KONTAKTVERBOTE Obwohl damit der Stacheldraht wegfiel, war Kontakt mit Einheimischen weiterhin unerwünscht. Im sogenannten Orangen Befehl hieß es etwa: »Den Internierten ist die Eingehung einer Ehe nicht gestattet. Es sind daher auch alle auf solche hinzielenden Beziehungen mit Internierten untersagt.« Durchsetzen ließ sich das allerdings nicht. Die Fremden, die eine Aura des Geheimnisvollen umwehte und die sich oft sehr kultiviert zu benehmen wussten, wurden von den Einheimischen mit Wohlwollen aufgenommen – insbesondere auch vom weiblichen Teil der Bevölkerung. Trotz Verbot wurden 316 Ehen zwischen polnischen Internierten und Schweizerinnen geschlossen und bis Ende Mai 1946 nicht weniger als 369 polnische Väter unehelicher Kinder registriert.

STRASSENBAU IN DEN RANDREGIONEN

Doch auch anderswo hinterließen die polnischen Männer ihre Spuren. Die Soldaten wurden nämlich zu Arbeitseinsätzen verpflichtet. Um der Gefahr zu begegnen, dass die günstigen Arbeitskräfte die heimische Wirtschaft durcheinanderbrachten, wurden die Einsätze nach zwei Regeln durchgeführt. Zum einen sollten die Soldaten vorwiegend in der Landwirtschaft und im Straßenbau eingesetzt werden, zum anderen mussten sie vor allem in strukturschwachen und abgelegenen Regionen arbeiten. So entstanden zwischen 1940 und 1945 in der ganzen Schweiz mehr als 50 Polenwege. Ein Großteil davon im Kanton Graubünden.

WANDERWEG AM VORDERRHEIN Einer der am besten zugänglichen und gleichzeitig auch schönsten Polenwege führt auf einem leicht abschüssigen Kieselweg auf der rechten Seite des jungen Vorderrheins entlang. Als Einstieg bietet sich entweder Trun an, wo man die riesige begehbare Skulptur des Bündner Künstlers Matias Spescha besichtigen kann, oder etwas weiter flussabwärts bei Tavanasa, wo der eigentliche Polenweg beginnt. Sobald man in der Ferne die wohl aus dem 8. Jahrhundert stammende Burgruine Jörgenstein entdeckt, ist es auch nicht mehr weit bis zur Holzbrücke von Rueun. Die älteste gedeckte Brücke des Kantons wurde 1839 in Auftrag gegeben und ihr Bau kostete damals 5550 Florin, also gerade einmal 435 Franken. Etwas weiter flussabwärts findet man am westlichen Ende des Plaun Grond einen Bildstock und eine Gedenktafel, die daran erinnern, dass der Weg einst von polnischen Kriegsgefangenen errichtet worden war. Nach insgesamt rund 13 beziehungsweise 18 Kilometern mündet der Polenweg unauffällig in das Dorf Ilanz.

Weitere Polenwege

Besuchenswert ist auch der Polenweg, der vom hinteren Safiental über den 2411 Meter hohen Tomülpass ins Valsertal führt und einen guten Eindruck von der Abgeschiedenheit gibt, in der viele Internierte während des Zweiten Weltkriegs arbeiten mussten. Wer mehr über die Geschichte der internierten Polen erfahren möchte, für den lohnt sich zudem ein Besuch des Polenmuseums in Rapperswil am Zürichsee. www.polenmuseum.ch

Viele Straßen, die polnische Kriegsgefangene angelegt hatten, sind heute beliebte Wanderwege oder Fahrradrouten.

Die Kirchenruine San Gaudenzio ist eines der größten spätgotischen Gotteshäuser, die in Graubünden je errichtet wurden.

20

IM SOG DER REFORMATION

Die Kirchenruine San Gaudenzio

Nur gerade 33 Jahre genutzt, seit fast 500 Jahren verlassen: Als die Kirche San Gaudenzio im früheren 16. Jahrhundert in Auftrag gegeben wurde, konnte niemand die gewaltigen Umwälzungen erahnen, die auf das Bergell zukamen.

Ort Chiesa di San Gaudenzio a Casaccia, 7602 Bregaglia **GPS** 46.394812, 9.673646
Anfahrt **ÖV:** Ab Bahnhof St. Moritz mit Buslinie 4 Richtung Chiavenna, Stazione. Ab Casaccia, Villaggio rund 10 Minuten zu Fuß. **Auto:** Ab Silvaplana auf Route 3 Richtung Chiavenna (Italien). Rund 4,5 km nach der Passhöhe Maloja auf der rechten Seite.

Wo einst eine Fensterrosette war, blickt man heute direkt in den Himmel.

DIREKT AN DER STRASSE Obwohl sie im Laufe der Jahrhunderte immer wieder abbrannten, von Lawinen und Bergrutschen beschädigt und bisweilen sogar aufgegeben wurden, sieht man erstaunlich selten verfallene Kirchen. Eine Ausnahme bildet die Ruine San Gaudenzio, deren Überreste auf einem grasüberzogenen Hang direkt neben der Maloja-Passstraße in einer lang gezogenen Kurve liegen. Das Dach ist längst eingestürzt, durch die hohen Fensteröffnungen blickt man direkt in den Himmel und dort, wo früher einmal die Gläubigen beteten, ist der Boden mit Staub und Gras überdeckt. Trotzdem ist das fast 30 Meter lange Steingebäude – übrigens eine der größten spätgotischen Kirchen, die in Graubünden je errichtet wurden – noch immer beeindruckend, und ein Besuch lohnt sich auf alle Fälle.

NUR WENIGE JAHRE GENUTZT Nahe der Stelle, wo sich früher die alten Saumpfade zum Maloja und zum damals noch wichtigeren Septimerpass trennten, stand spätestens seit dem 8. Jahrhundert eine Wallfahrtskirche. Gleich daneben befand sich zudem ein kleines Hospiz, in dem müde Reisende Zuflucht finden konnten. Die heute noch sichtbare Kirche wurde in den Jahren 1511 bis 1518 im Auftrag mehrerer Bergeller Gemeinden errichtet, um den zu klein gewordenen Vorgängerbau zu ersetzen. Ein langes Leben war dem Neubau allerdings nicht beschieden. Bereits 33 Jahre später wurde die Kirche wieder aufgegeben. Was ist in der Zwischenzeit geschehen? Der Bau fiel in eine Periode des religiösen Wandels und geriet gewissermaßen in den Sog der aus dem Süden herüberschwappenden reformatorischen Ideen. Immer mehr italienische Geistliche, die mit

↑ Vor der Kirche befand sich ein Hospiz für Reisende.
↗ Beim Bildersturm landeten Gemälde und Reliquien im nahe gelegenen Bach Orlegna.

der religiösen Erneuerung liebäugelten, wurden in Italien von der Inquisition als »Ketzer« gebrandmarkt und in die Flucht getrieben. Das religiös tolerante und geografisch nahe gelegene Bergell war daher für viele von ihnen die erste Wahl. So auch für Bartolomeo Maturo. Der ehemalige Prior des Dominikanerklosters von Cremona begann ab 1532 im oberen Tal eine eigene reformierte Gemeinde aufzubauen. Obwohl er dabei zunächst nur mäßig erfolgreich war, gilt er heute als erster Reformator des Bergells – des einzigen italienischsprachigen Teil Graubündens, der reformiert wurde und es auch blieb.

REFORM UND BILDERSTURM Eine weitaus größere Bedeutung kommt jedoch Pietro Paulo Vergerio zu. Als Bischof des slowenischen Koper wollte er die Schriften Martin Luthers widerlegen. Doch während des Studiums nahm er selber immer stärker dessen reformatorische Gedanken an. Er begann Missbräuche im Kult und Korruption in den Kirchenämtern zu unterbinden und schränkte die Heiligenverehrung ein. Irgendwann ging das Rom zu weit. 1549 wurde er wegen Ketzerei angeklagt und aus der katholischen Kirche exkommuniziert. Wie vor ihm Maturo floh auch er ins Bergell. Mit seinen feurigen Reden gelang es dem glänzenden Rhetoriker dort, in gerade einmal zwei Jahren die gesamte Bevölkerung zu konvertieren. 1551 stachelte er dazu an, die Kirche des San Gaudenzio zu stürmen. In einer Nacht-und-Nebelaktion drangen daraufhin unbekannte Männer in das Gotteshaus ein und warfen Bilder und Reliquien in den nahe gelegenen Bach Orlegna. Obwohl die Kirche fortan nicht mehr genutzt wurde, diente sie noch bis 1738 als Begräbnisstätte. Danach wurde der Unter-

Auch die Kirche San Gian in der Nähe von St. Moritz ist teilweise zerstört.

halt aufgegeben und die Kirche dem Verfall überlassen.

KOPFLOSER HEILIGER Bleibt nur noch die Frage, wer denn dieser Gaudenzio war, dem die Kirche gewidmet ist. Der Legende nach soll der heilige Gaudenzio von Novara im 4. Jahrhundert das Christentum ins Bergell gebracht haben. Dies gelang ihm nicht ohne persönliche Opfer, denn die heidnische Bevölkerung war alles andere als begeistert von seinen missionarischen Bemühungen. Man warf Gaudenzio eine Verschwörung gegen die örtlichen Behörden vor, verschleppte ihn und schlug ihm schließlich in der Nähe der heutigen Kirche in einem dichten Kiefernwald den Kopf ab. Vermutlich wäre er als Märtyrer nicht in Erinnerung geblieben, wäre auf diese gottlose Tat nicht ein Wunder gefolgt. Die Geschichte geht nämlich so weiter, dass Gaudenzio mit beiden Händen sein Haupt aufhob und es einige Schritte bis zu einer Lichtung trug. Dort, wo er zusammenbrach, steht heute die Kirche.

Weitere Kirchenruinen

Mit der Kirche San Gian befindet sich am Ortsrand von Celerina, nur wenige Kilometer von St. Moritz entfernt, ein weiteres schönes Gotteshaus, das ebenfalls schon seit Jahrhunderten zumindest teilweise eine Ruine ist. Hier war der Auslöser ein Blitz, nach dessen Einschlag der markante spätgotische Turm 1682 Feuer fing. Weil zunächst das Geld für die Reparatur fehlte und die Kirche später in diesem Zustand zum Wahrzeichen avancierte, wurde sie bis heute nicht vollständig repariert. Im Sommer ist an gewissen Tagen eine Besichtigung von innen möglich.

21

SEHEN UND GESEHEN WERDEN

Die Trinkhalle Büvetta Tarasp

Ohne seine gesundheitsfördernden Mineralwässer und ohne den ab Mitte des 19. Jahrhunderts einsetzenden Kurtourismus wäre das Engadin nicht geworden, was es heute ist. Doch das wichtigste Gebäude aus der Zeit der großen Bäder verlottert seit Jahren.

Ort Nairs 161A, 7550 Scuol **GPS** 46.788694, 10.278956
Anfahrt **ÖV:** Mit der Rhätischen Bahn bis Scuol-Tarasp, dann rund 1 km zu Fuß.
Auto: Autobahnauffahrt A13 bei Landquart Richtung Klosters. Wahlweise Verladen durch Vereina-Tunnel oder im Sommer über Flüelapass bis Nairs.
Die Büvetta befindet sich gleich am Fluss.

Treffpunkt für Reiche und Schöne: die Büvetta Tarasp

EIN TRAURIGER ANBLICK Der Zugang ist mit einem hohen Zaun versperrt, der Garten mit Unkraut überwuchert, die mondänen Bogenfenster zersplittert und von den Wänden bröckelt der Putz. Heute wirkt die Trinkhalle Büvetta Tarasp mit ihrer lang gezogenen Wandelhalle und dem auffälligen Kuppelbau wie ein einziges Trauerspiel – ein Eindruck, der sich durch die eingezwängte Lage auf einem schmalen Streifen zwischen dem Inn und einer bewaldeten Felswand noch einmal verstärkt. Vom Glanz vergangener Tage ist nur noch wenig zu spüren.

HOTSPOT DER MINERALQUELLEN Nirgendwo in Europa sprudeln auf so engem Raum so viele Mineralquellen aus dem Boden wie in einer rund fünf Kilometer langen Strecke rund um Scuol. Diesen einmaligen Reichtum verdankt das Unterengadin einem Phänomen, das in den Alpen einzigartig ist und als »geologisches Fenster« bezeichnet wird. Vereinfacht gesagt handelt es sich dabei um eine sogenannte Überschiebungsdecke, die über Millionen von Jahren so stark erodierte, dass die darunterliegende, besonders mineralienreiche Schicht zum Vorschein kommt. Regen- und Schmelzwasser versickern nun im Untergrund, reichern sich in der Tiefe je nach Weg, den das Wasser wählt, mit unterschiedlichen Mineralien und der aufsteigenden magmatischen Kohlensäure an und bilden so auf natürliche Weise ein kohlensäurehaltiges Mineralwasser. In der Regel dauert es zwischen fünf und 25 Jahre, bis das Wasser aus einer der über

Wegen Steinschlaggefahr ist der Zugang zur Trinkhalle nicht mehr möglich.

20 Mineralquellen der Region wieder an die Oberfläche tritt.

DER BEGINN DES KURTOURISMUS Die Quellen und vor allem ihre heilende Wirkung sind seit Jahrhunderten bekannt. Die ältesten bekannten Erwähnungen stammen aus der Mitte des 14. Jahrhunderts. 1533 schrieb Paracelsus über die Quellen von Scuol-Tarasp, 1562 kurierte der Zürcher Arzt und Universalgenie Conrad Gessner mit dem hiesigen Wasser erfolgreich sein hartnäckiges Ischiasleiden. 1826 veröffentlichte der Bündner Apotheker Georg Wilhelm Capeller zusammen mit dem Bade- und Klosterarzt Johann Anton Kaiser eine medizinische Analyse der Quellen, in der sie das Engadiner Wasser in den höchsten Tönen lobten. Die ersten Schritte zur touristischen Nutzung erfolgten dann Anfang der 1840er-Jahre mit dem Bau einer Parkanlage, der Fassung der Quellen am Inn und dem Bau einer ersten, noch sehr einfachen Trinkhalle.

DIE ERSCHLIESSUNG DER QUELLEN Der Aufschwung ließ nicht lange auf sich warten und hing eng mit der Fertigstellung der Talstraße im Jahr 1862 zusammen, die die zuvor beschwerliche Anreise mit einem Schlag wesentlich bequemer machte. Überall wurde nun gebaut. 1864 entstand auf der linken Flussseite, fast direkt gegenüber der Trinkhalle, das luxuriöse Kurhaus Tarasp mit Zimmern für rund 300 Gäste und einer eigenen Badeanlage inklusive Heilwasser. Bis zur Jahrhundertwende entstanden noch zahlreiche weitere Luxushotels, die hochrangige

Gäste anzogen wie etwa den russischen Zaren Nikolaus II. oder die niederländische Königin Wilhelmina. Das Prunkstück, das die Eleganz des noblen Kurorts besonders gut widerspiegelte, sollte allerdings die 1876 vom Architekten Bernhard Simon entworfene neue Trinkhalle werden. In der rund 40 Meter langen, mit Arventäfern verzierten Wandelhalle wurden mehrere kleine Verkaufsläden eingerichtet, wo die Besucher allerhand Gimicks kaufen konnten. In einer Nische spielte ein Kurorchester. Das Herz der Büveta bildete jedoch die marmorverkleidete Rotunde, wo Wasser aus den drei höchst unterschiedlichen Quellen Bonifazius, Emerita und Luzius angeboten wurde.

LANGSAMER ABSTIEG Mit dem Ersten Weltkrieg begann dann der langsame Niedergang. Die zahlungskräftigen Gäste blieben fern und Trink- und Badekuren kamen zunehmend aus der Mode. Trotzdem dauerte es noch Jahrzehnte, bis die Bäder und Hotels in eine existenzbedrohende Schieflage gerieten und nach und nach zugingen. Das erwähnte Kurhaus wurde in den späten 1980ern in eine Künstlerresidenz verwandelt, das Hotel Waldhaus Vulpera, ein erstklassiges Grandhotel, brannte etwa zur gleichen Zeit ab, nachdem es nur wenige Jahre zuvor unter dem Vorbesitzer in Konkurs gegangen war. 2006 wurde dann auch die Büveta geschlossen und seither nicht mehr unterhalten – auch weil mittlerweile an der rückwärtigen Felswand die Gefahr besteht, dass herabfallende Steine das Dach der Trinkhalle durchschlagen. Seit 2012 versucht ein Verein, das Geld für eine Sanierung des Felsen und die Instandsetzung der Büveta zu sammeln, damit das inzwischen unter Denkmalschutz stehende Gebäude irgendwann wieder für die Öffentlichkeit zugänglich wird. Noch sieht es aber aus, als wäre dies ein langer Weg.

Das besondere Erlebnis

Das Quellwasser spielt rund um Scuol noch immer eine wichtige Rolle. Einen Hauch von früher erlebt man in der Casa Carola. Im Gebäude direkt neben der alten Trinkhalle kann man das natürliche Mineralwasser der Carola-Quelle direkt ab Hahn kosten. Den heutigen Geschmacksvorstellungen entspricht es nicht mehr unbedingt, früher wurde das Wasser aber in alle Welt verkauft. Außerdem gibt es in Scuol mehrere Brunnen, die neben Leitungswasser auch hochmineralisiertes Quellwasser aufgeben. Oft ist dies an den farbigen Mineralablagerungen in den Becken zu erkennen. Und natürlich gehört ein Besuch des Bogn Engiadina dazu. Das moderne Erlebnisbad befindet sich dort, wo schon zur Hochzeit des Kurtourismus ein Bad stand.

In der Casa Carola direkt nebenan kann man das hiesige Thermalwasser kosten.

Der zehnstöckige Jugendstilbau ganz hinten im Val Sinestra ist einer der bekanntesten Spukorte der Schweiz.

22

DAS SPUKSCHLOSS IM KIEFERNWALD

Hotel Val Sinestra

Früher war es das mineralienreiche Wasser, das wohlhabende Kurgäste in die hinterste Ecke des Val Sinestra lockte. Heute zieht das einfache Hotel vor allem Abenteuerlustige auf der Suche nach dem Gespenst an, das in den alten Mauern leben soll.

Ort Hotel Val Sinestra, Val Sinestra 373, 7554 Sent **GPS** 46.851135, 10.336662
Anfahrt **ÖV:** Ab Bahnhof Sent fahren im Sommer täglich vier Postautos der Linie 925 bis zur Endstation Val Sinestra, Plazza da parcar. **Auto:** In Scuol auf Nebenstraße nach Sent abbiegen, Wegweisern Val Sinestra folgen und bis Talende fahren. Parkplatz vorhanden.

Furchtlose können kostengünstig im Hotel übernachten.

DAS DÜSTERE TAL Wer dem Inn durchs Unterengadin folgt, stößt einige Kilometer hinter dem an sich schon ziemlich abgelegenen Sent auf ein kleines, noch abgelegeneres Seitental. Selbst an Tagen mit schönem Wetter erreichen die Sonnenstrahlen den Talboden nur für wenige Stunden – so eng stehen hier die steilen Wände zusammen, so hoch sind die Spitzen der umliegenden Berge. In der Tiefe schlängelt sich eine wenig befahrene Staubpiste durch den Kiefernwald, führt hier und da über eine kleine Brücke, die schon bessere Tage gesehen hat. Häuser oder gar Dörfer sucht man vergeblich. Val Sinestra heißt die ungastliche Einöde, wie man sie in der Schweiz eher selten findet. Der Name kommt aus dem Rätoromanischen und beschreibt zunächst nur die Lage: das Tal links vom Inn. Intuitiv fühlt sich die Herleitung von »sinister« aber genauso richtig an.

DIE MINERALQUELLE Weit hinten im Tal blinzeln plötzlich Turmspitzen zwischen den Baumwipfeln hervor. Nach ein paar Kurven landet man auf einem Parkplatz und blickt von der rauschenden Brancla zu einem Koloss hoch, der bedrohlich in den Himmel ragt: das Kurhotel Val Sinestra. Grund für den ungewöhnlichen Standort ist die Ulrichquelle, die in der Nähe aus dem Boden sprudelt. Ihr hoch mineralisierter Ausfluss versprach bei Haut-, Geschlechts- und Blutkrankheiten sowie bei verschiedenen Gelenkbeschwerden Heilung. Bemerkenswert am Wasser ist der ungewöhnlich hohe Arsengehalt: Den heutigen Grenzwert im Trinkwasser überschreitet es etwa um das 360-Fache, allein deswegen bekäme die Quelle heute keine Zulassung mehr. Zu Beginn des 20. Jahrhunderts hatte man jedoch noch eine andere Beziehung zu gewissen Giftstoffen. Um 1912 errichteten pfiffige Geschäftsleute rund um die Quelle einen zehnstöckigen Jugendstilbau, der Reiche aus dem In- und Ausland für Badekuren anlocken sollte. Das Geschäft lief von Beginn an eher mäßig. Weltkrieg, Rezession und Medikamente sorgten dafür, dass die immer weniger werdenden Gäste immer kürzer blieben und das Kurhaus nach und nach in Schieflage geriet. 1978 übernahm der Holländer Peter Kruit das inzwischen seit mehreren Jahren leerstehende Haus, renovierte es sanft und verwandelte es in das, was es heute noch ist: eine preiswerte Unterkunft irgendwo zwischen Hotel und Jugendherberge. Ein Ort, an dem Gäste auch einmal selber mitanpacken müssen und dessen Ausstattung, im Guten wie im Schlechten, nur wenig von dem abweicht, was Besucher schon vor hundert Jahren zu sehen bekamen.

GEKOMMEN, UM ZU BLEIBEN Das Hotel zieht aber auch aus einem anderen Grund Gäste an: In seinen Gängen soll es nämlich spuken. Immer wieder berichten Besucher, dass sich Fenster von alleine öffnen, Schlüsselanhänger in Bewegungen geraten, die Mu-

Das Gespensterhaus im Val Sinestra
ist wegen seiner Wandermöglichkeit bei Besuchern beliebt.

sik aus unerklärlichen Gründen lauter wird. Manche hören ein Grollen, andere spüren einen kalten Luftzug. Besonders unheimlich, darin sind sich die meisten Berichte einig, ist es allerdings im Untergeschoss, wo sich einst die Bäder befanden. Unten im Zimmer 5, so heißt es, wohne der Geist, den die Hoteldirektion schon vor vielen Jahren auf den Namen Hermann getauft hat. Mittlerweile haben mehrere Geisterjäger die Existenz einer Energie bestätigt und Unterschiedliches herausgefunden. Am ausführlichsten waren die Schilderungen eines Mediums, dessen Erkenntnisse vor einigen Jahren durch die Presse ging. Beim Geist handle es sich demnach um einen belgischen Soldaten, der sich im Ersten Weltkrieg ein chronisches Lungenleiden zugezogen habe. Ein schlanker Mann mit dunklen Haaren, vielleicht 45 Jahre alt. Obwohl er mehrere Jahre lang immer wieder im Kurhotel in Behandlung gewesen war, starb er vermutlich im Haus und ist seither in den alten Gemäuern gefangen. Das klingt plausibel und entspricht der Geschichte zahlreicher Gäste. Nachvollziehen lässt es sich allerdings nicht mehr. Die alten Gästebücher sind längst verschwunden.

DÜSTERER DREHORT Natürlich bleiben die Geistergeschichten nicht unwidersprochen. Böse Zungen halten den Spuk sogar für einen reinen Marketing-Gag. Denn eines ist klar: Dem abgelegenen Kurhotel hat es bisher nicht geschadet, dass die Gespenstergeschichten alle paar Jahre wieder durch die Medien geistern. Zuletzt diente das düstere Gebäude sogar als Kulisse für die Filmkomödie »Val Sinestra«, einer Schweizer Variante von »Kevin – Allein zu Haus«. Ob der Geist echt ist oder nicht, spielt am Ende ohnehin keine Rolle. Gruselfeeling kommt in den alten Wandelhallen und den düsteren Wäldern sowieso auf.

Das besondere Erlebnis

Wer in der Gegend ist, sollte etwas zusätzliche Zeit mitbringen und sich die hübschen Engadiner-Dörfer mit ihren einzigartigen Sgraffito-Fassaden ansehen. Besonders prominent ist die uralte Kratztechnik in Guarda, wo das bekannte Kinderbuch »Schällennursli« spielt. Eine spannende Einführung in die uralte Kunst der Fassadenmalerei bekommt man in Susch beim bekannten Sgraffito-Künstler Josin Neuhäusler. Mehr dazu unter: www.josin-sgraffito.ch

Gut getarnt: die mittlerweile aufgegebene Artilleriefestung Fuchsegg in der Nähe des Furka-Passes. (Kapitel 31)

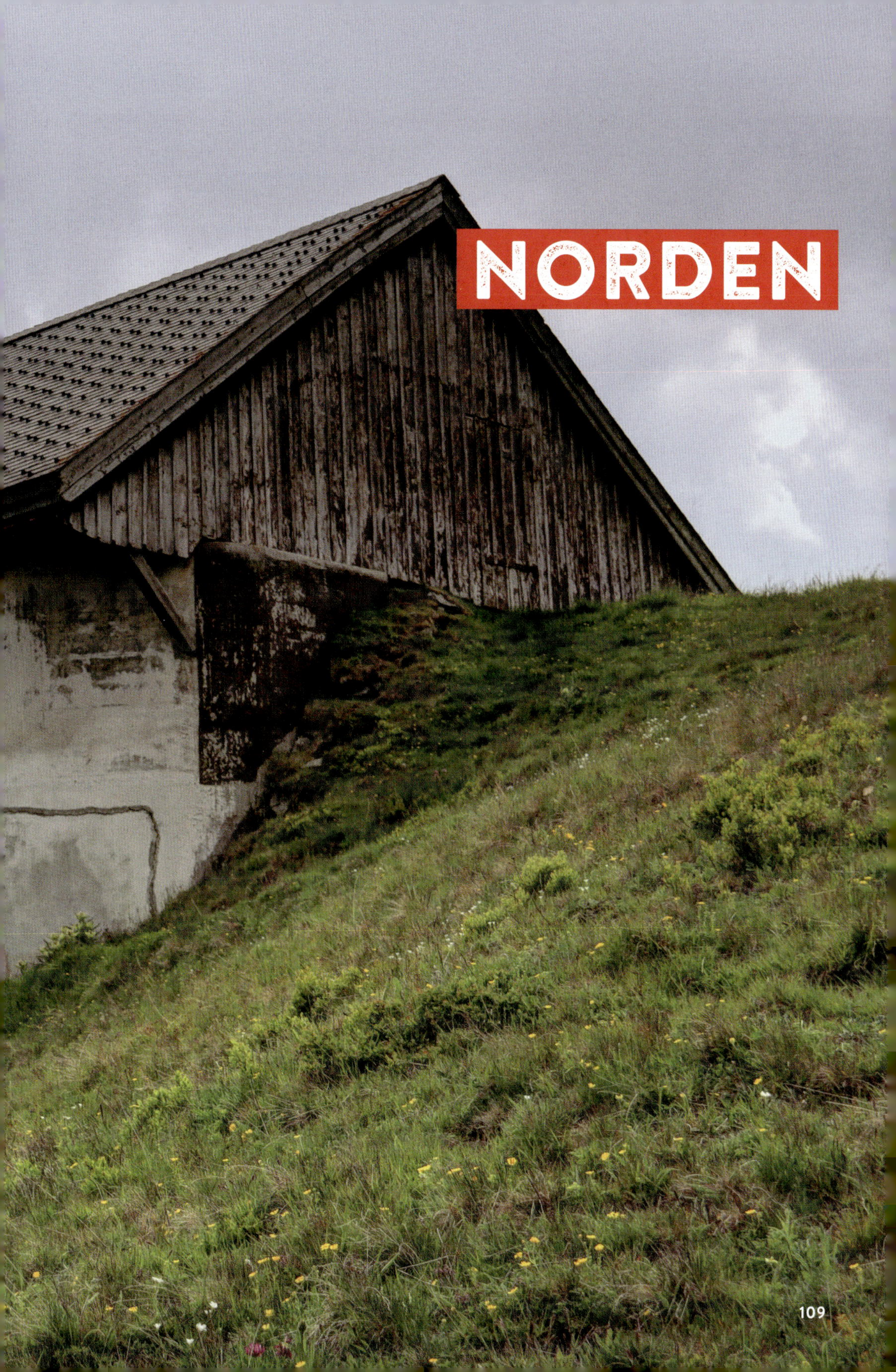

NORDEN

23

TATORT WETTERWARTE

Die alte Wetterstation auf dem Säntis

Der Säntis ist ein beliebtes Ausflugsziel. Bekannt ist der Berg für seinen Ausblick auf sechs Länder und die Wetterstation, die bei ihrem Bau 1882 eine der höchstgelegenen der Welt war. Wenig erinnert daran, dass sich vor hundert Jahren direkt unter dem Gipfel ein schauriger Doppelmord ereignete.

Ort Wetterstation Säntis, 9107 Schwägalp, **GPS** 47.249305, 9.342371
Anfahrt Wer den Säntis nicht zu Fuß bezwingen möchte (Aufstieg über anspruchsvolle Normalroute ab Schwägalp, 5 km, 1100 Höhenmeter), nimmt in Schwägalp die Säntisbahn. Anreise sowohl mit Zug wie **Auto:** über Gossau und Urnäsch. Parkplätze bei Seilbahn vorhanden.

Direkt vor dem alten Wetterhäuschen auf dem Säntis wurde die Leiche des Wetterwarts Haas im Schnee gefunden.

EIN VERBRECHEN KÜNDIGT SICH AN

Die Geschichte nimmt ihren Anfang im Jahr 1919, als der alte Wetterwart auf dem Säntis nach fast 30 Jahren in den Ruhestand tritt und seine Stelle neu ausgeschrieben wird. Obwohl die Arbeit auf dem abgelegenen Gipfel psychisch belastend und körperlich anstrengend ist, melden sich ungewöhnlich viele Interessierte. Unter den rund 50 Personen, die sich bewerben, ist Gregor Kreuzpointner. Er ist ein gut aussehender, sportlicher Mann mit einem feinen Schnurrbart und einer Schmalzlocke, die ihm ein paar Jahre später auf dem Fahndungsfoto schelmisch in die Stirne hängen wird. Er kam 1892 in Oberbayern zur Welt, zog aber kurz nach dem Erreichen der Volljährigkeit in die Schweiz, wo er beim Ausbruch des Ersten Weltkriegs das Bürgerrecht beantragte und auch rasch erhielt. Zeitgenossen charakterisierten ihn als charmant, aber wenig fleißig. Unbestritten ist, dass er bei seinen Geschäften kein besonders glückliches Händchen hatte: Zwei Mal versuchte sich der gelernte Schuster mit einem Laden selbstständig zu machen, beide Male scheiterte er. Dabei hatte sich ein beträchtlicher Schuldenberg angehäuft und die Stelle auf dem Berg sollte ihm einen Ausweg bieten. Obwohl Kreuzpointner als leidenschaftlicher Kletterer und Skifahrer durchaus Voraussetzungen für die Arbeit auf dem Berg mitgebracht hätte, waren seine Aussichten von Beginn an schlecht. In der Vergangenheit hatte sich nämlich gezeigt, dass es ledige Wetterwarte meistens nicht lange in der alpinen Einsamkeit aushielten – die Luftseilbahn wurde erst 1935 eröffnet. Deswegen suchte man ausdrücklich nach einem Ehepaar. Die Stelle ging schließlich an Heinrich Haas, einem dem Vernehmen nach stets gut gelaunten Bäckermeister aus dem Appenzell, und seine Frau Magdalena.

In solchen Körben brachten Träger die benötigten Lebensmittel auf den Gipfel.

WINTERLICHER SCHRECKEN Was sich drei Jahre später in einer winterlich kalten Woche ereignete, lässt sich nicht mehr im Detail rekonstruieren. Bekannt ist aber, dass Kreuzpointner am 16. Februar 1922 im Schnee zur Berghütte aufstieg und mehrere Tage beim Ehepaar Haas übernachtete. Da Kreuzpointner ein Mitglied im hiesigen Alpen Club war und wiederholt den 2502 Meter hohen Gipfel bestiegen hatte, kannte man sich bereits. Die ersten Tage dürften daher ein freundliches Beisammensein gewesen sein. Doch als sich Kreuzpointner wegen des anhaltend schlechten Wetters weigerte abzusteigen und die Lebensmittel immer knapper wurden, kippte die Stimmung allmählich. Gut möglich, dass der von Schulden geplagte Gast nun von den beiden Wetterwarten Geld verlangte. Zumindest machte Magdalena eine entsprechende Anspielung, als sie am 20. Februar über den Fernsprecher bei einem Säntisträger neue Lebensmittel anforderte. Auch am folgenden

Tag beschwerte sie sich über den ungebetenen Gast, der die Bergstation schlicht nicht verlassen wollte. Das war das letzte Lebenszeichen der Familie Haas.

SCHRECKLICHER FUND Im Tal machte man sich unterdessen keine Gedanken, als sich die Wetterwarte am nächsten Tag nicht meldete. Es kam bei den für die Region typischen Stürmen mit Windgeschwindigkeiten von teilweise über 200 Stundenkilometer und bei heftigen Schneefällen immer wieder vor, dass die Leitung beschädigt wurde. Als sich das Wetter endlich wieder verbesserte, machten sich die Träger am 25. Februar mit dem gewünschten Proviant zum Aufstieg auf. Je näher die drei Männer dem Gipfel kamen, desto offensichtlicher wurde, dass etwas nicht stimmte: Kein Rauch stieg aus dem Kamin, keine Spuren waren im frischen Schnee, niemand winkte den Ankömmlingen entgegen. Nachdem sie die verriegelte Türe aufgewuchtet hatten, traf sie der Schock. Im verwüsteten Arbeitszimmer entdeckten sie eine Frau, die über ihren Stricksachen in einer Blutlache lag. Von einer bösen Vorahnung getrieben stiegen die Männer durch den Verbindungstunnel, der das Wohnhaus wettersicher mit der Messstation verband, und fanden einige Meter vor dem Windmesserhäuschen mit dem Gesicht im Schnee liegend auch den Wetterwart. Geld, Schmuck, Notizbücher und wertvolle Trachtenstücke fehlten.

Trägergestell für einen Rucksack

FAHNDUNG NACH DEM DOPPELMÖRDER Der Verdacht fiel rasch auf Kreuzpointner. Bereits am nächsten Tag schrieb ihn die Polizei zur Fahndung aus. Dass er der Täter gewesen sein muss, wurde von Stunde zu Stunde klarer. Bei der Pfandleihe fand man den Schmuck von Magdalena, offenbar von Kreuzpointner versetzt. Danach entdeckte man in seinem Besitz eine Pistole der Marke Browning. Sie passte zu den angefeilten Projektilen, die am Tatort sichergestellt worden waren. Unklar blieb aber, wieso Kreuzpointner die Waffe überhaupt mit auf den Berg genommen hat. Hatte er von Beginn an die Absicht, das Paar zu erschießen? Geschah das Verbrechen vielleicht aus Neid darüber, dass die beiden die Stelle bekamen, die er sich so sehr gewünscht hatte? Oder hatte er den Eindruck, dass sich ein Raubüberfall weitab der Zivilisation leichter durchführen ließe? Fragen, die sich nicht mehr beantworten ließen. Am 4. März, also rund eine Woche später, fanden Gendarmen in einer Scheune auf der Alp Aueli in Schwägalp, in der Nähe des Ortes, wo heute die Talstation der Säntis-Seilbahn steht, die noch warme Leiche von Kreuzpointner. Wohl um der drohenden Todesstrafe zu entgehen, hatte er sich erhängt. In der Tasche trug er einen Abschiedsbrief an seine Geliebte, die ihn kurz davor verlassen hatte. Auf das Verbrechen ging er mit keinem Wort ein.

Historische Aufnahme der alten Wetterstation von 1920. Der Wohnort der Familie Haas hat sich bis heute erhalten.

WAS ÜBRIG BLIEB Auch wenn sich das Aussehen des Säntis in den über hundert Jahren seit der Bluttat stark verändert hat, ist der Tatort weitgehend erhalten geblieben. Das steinerne Häuschen von 1887, in dem Heinrich Haas mit seiner Frau wohnte, thront mit seinen frisch gestrichenen roten Fensterläden noch immer direkt auf dem Gipfel. Ebenso das Windmesserhäuschen mit seinem auffälligen Giebeldach, wo die Leiche des Wetterwarts entdeckt wurde. Heinrich und Magdalena Haas wurden auf dem Friedhof Appenzell beerdigt. Auch ihr Grabstein existiert noch, nach der Aufhebung des Grabs wurde er in einen Gedenkstein umfunktioniert. Er befindet sich in der Nähe der Kirche Appenzell. Weil weder Urnäsch, wo die Leiche gefunden wurde, noch sein Bürgerort Herisau noch die Stadt St. Gallen den brutalen Mörder auf ihren Friedhöfen bestatten wollten, wurden seine sterblichen Überreste dem anatomischen Institut der Universität Zürich für die medizinische Forschung geben. 1990 wurde die Geschichte vom Schweizer Regisseur Markus Imhoof unter dem Titel *Der Berg* verfilmt.

Das besondere Erlebnis

Die Schwägalp liegt in einer mystischen Moorlandschaft. Wer den Säntis in einer Zeit besucht, in der kein Schnee am Boden liegt, sollte sich die Zeit nehmen für den rund zwei Kilometer langen Rundweg, auf dem man von einem hoch angelegten Steg exotische Pflanzen wie die Moosbeere und den fleischfressenden Sonnentau entdecken kann. Und mit etwas Glück sichtet man auch die eine oder andere Gämse.

Der Rundweg auf der Schwägalp am Säntis

Ein Lebenswerk: Fast 25 Jahre arbeitete der Briefmarkenstecher und Künstler Karl Bickel an seinem Friedensmal.

24

STEINGEWORDENES PLÄDOYER FÜR DEN FRIEDEN

Das Paxmal

Ganze 25 Jahre hat der Briefmarkenstecher und Grafiker Karl Bickel investiert, um hoch über dem Walensee einen eigenwilligen Friedenstempel zu bauen. Angetrieben haben ihn die Gräueltaten im Ersten Weltkrieg.

Ort Grundweg, 8881 Walenstadt. **GPS** 47.142084, 9.270267
Anfahrt **ÖV:** Ab Bahnhof Walenstadt mit Bus 443 bis Walenstadtberg, Reha-Klinik. Danach eine Stunde zu Fuß. **Auto:** Auf Autobahn A3 bis Walenstadt und Wegweisern nach Walenstadt folgen. Rechts in Tremlastrasse abbiegen. Weiter über Burgstrasse, Bergstrasse, Ruggstrasse. Parkplatz ausgeschildert.

MEDITATION VOR BERGKULISSE Die meisten Wanderer, die zufällig an dem tempelartigen Gebäude aus grauem Granit vorbeikommen, dürften sich verwundert die Augen reiben. Vor den steil aufragenden Wänden des Churfirstenmassivs erhebt sich ein Bauwerk, das so gar nicht in die Landschaft passen will. Hinten eine Säulenhalle, die man eher oberhalb von Athen auf der Akropolis vermuten würde als vor einem Schweizer Bergpanorama. Gleich davor ein grasbewachsener Innenhof mit einem flachen Wasserbecken und zu beiden Seiten mit Mosaiken verkleidete Mauern. Die vierte Wand fehlt gänzlich und gibt den Blick nach Süden frei, sodass man sich beinahe wie auf einer Theaterbühne fühlt. Doch Schauspieler sieht man keine, nur hin und wieder Besucher, die in sich gekehrt meditieren. Das idyllisch gelegene Bauwerk gilt mit 18.500 Boviswerten nämlich als Kraftort.

DAS VERSPRECHEN DES KÜNSTLERS
Das Paxmal – der Lateiner errät dies schon am Namen – ist dem Weltfrieden gewidmet und damit streng genommen alles andere als ein düsterer Ort. Die Umstände hingegen, die zu seinem Bau führten, lassen sich aber durchaus als eher unerfreulich bezeichnen. Der 1886 in Zürich geborene Karl Bickel absolviert nach der Schule eine Lithografenlehre und gründet bald darauf mit 22 Jahren seine eigene Werbefirma, die Modekataloge, Veranstaltungsbeilagen und Visitenkarten im damals beliebten Jugendstil und in Art déco produziert. Auch als Künstler feiert er erste Erfolge und kann Ausstellungen absolvieren. Nach einer Italienreise erkrankt Bickel an Tuberkulose. Er muss zur Kur ins Sanatorium Walenstadtberg, die Heilungsaussichten sind zunächst schlecht. Bickel nimmt sich vor, etwas Monumentales zu schaffen, sollte er die Krankheit überleben. Nach und nach verbessert sich der Zustand und nach 13 Monaten kann er endlich gesund nach Zürich zurückkehren. Noch weiß er nicht, wie er das Versprechen genau einlösen will.

SELBSTFINANZIERT Fast zehn Jahre bleibt er in Zürich, arbeitet an seiner Karriere und entwirft unzählige Plakate, bis es 1924 zum abrupten Bruch mit dem bisherigen Leben kommt. Bickel verkauft Hab und Gut und beginnt unter dem Eindruck der Gräuel des Ersten Weltkriegs in der Nähe seines früheren Kurorts einen monumentalen Friedenstempel zu errichten. Die Arbeit finanziert er aus eigener Tasche durch das Design von über 550 Briefmarken, die er sowohl für die Schweizer Post wie auch für Postbetriebe im Ausland entwirft. Um Geld zu sparen, wohnt er anfangs im Gebäude – wer genau hinschaut, kann die zugemauerten Fenster neben dem Schriftzug noch immer erkennen. Die Säulenhalle darunter war einmal verglast und beherbergte Bickels Atelier. 1949 wird das Werk nach einer fast 25-jährigen Bauzeit fertig. Im hohen Alter schenkt der Künstler das Paxmal seinem ehemaligen Arbeitgeber, den Postbetrieben PTT. Er erhofft sich, dass dies den dauerhaften Erhalt seines großen Werks sicherstellt. Bickel stirbt 1982.

Das besondere Erlebnis

Wer mehr über den Künstler erfahren möchte, kann von Donnerstag bis Sonntag in Walenstadt das Museum Bickel besuchen. Neben seinen grafischen Werken gibt es auch Wechselausstellungen von interessanten zeitgenössischen regionalen und überregionalen Kunstschaffenden. Das Museum wird von der Bickel-Stiftung betrieben, der seit einiger Zeit auch das Paxmal wieder gehört. www.museumbickel.ch/

25

GEGEN DIE ÜBERMACHT

Das Schlachtendenkmal Näfels

Heldengeschichten faszinieren. Eine solche ereignete sich am 9. April 1388 am Eingang ins Glarnertal. Einer kleinen Gruppe Einheimischer gelang es, die zehn Mal größere Habsburger Armee in die Flucht zu schlagen. Wie konnte das gelingen?

Ort Denkmalweg, 8752 Näfels. **GPS** 47.101223, 9.066432
Anfahrt **ÖV:** Mit SBB bis Bahnhof Näfels-Mollis, 5 Minuten zu Fuß.
Auto: Auf Autostraße A3 bis Ausfahrt Niederurnen, Richtung Glarus Nord/Näfels. Wenige Parkplätze im Dorfzentrum.

Auf der Wiese vor der Hilariuskirche in Näfels erinnert ein Obelisk an den Sieg der Eidgenossen gegen die übermächtigen Habsburger.

TALSPERRE ALS SCHUTZWALL Wer durch Näfels fährt, merkt wenig von der strategischen Bedeutung, die das Dorf einst hatte. Das war nicht immer so. Eine rund 1,1 Kilometer lange und bis zu drei Meter hohe Talsperre riegelte knapp vor dem Dorfrand den Zugang ins Glarnerland ab. Gebaut wurde die Letzimauer in der Mitte des 14. Jahrhunderts. Zürich und die Innerschweizer Orte hatten soeben Glarus erobert, das unterlegene Habsburg wollte derweil seine Ansprüche auf das verlorene Tal nicht aufgeben. Ruhe brachte das Bauwerk nicht. Als 1386 eidgenössische Truppen in Sempach die Habsburger Armee schlugen, nutzten die Glarner die Gunst der Stunde und nahmen das ebenfalls strategisch wichtige Weesen ein. Dazu muss man wissen: Wer das Städtchen am Kopf des Walensees besaß, kontrollierte sowohl den Ost-West-Verkehr wie auch den Zugang ins Glarnerland.

DIE MORDNACHT VON WEESEN. Dies wiederum wollten die Habsburger nicht auf sich sitzen lassen. 1388 überzeugten sie ein paar ihnen wohlgesinnte Bürger, nachts die Stadttore zu öffnen. So konnten die Angreifer die eidgenössische Besatzung im Schlaf überraschen. In der Nacht auf den 22. Februar, die als »Mordnacht von Weesen« in die Geschichte einging, wurden etwa 30 Personen hingemetzelt. Daraufhin zogen die Habsburger ihre Truppen zusammen und rückten mit rund 600 Mann zu Pferd und 6000 Mann Fußvolk auf die erwähnte Mauer zu, während ein zweiter Trupp über den Karenzerberg in die Flanke stoßen sollte. Den überrumpelten Glarnern gelang es nicht, rechtzeitig Verstärkung zu rufen. Ohne große Kämpfe durchbrachen die Habsburger die Letzimauer und zogen plündernd durch Näfels, Mollis, Netstal und Glarus.

Das Wappen des Glarus erinnert daran, dass vor allem Glarner kämpften.

AUF DER MAUER, AUF DER LAUER Auf dem Rückweg, schwer beladen mit Raubgut, staute sich der Tross allerdings vor dem Bollwerk. Die Glarner, die ihre Gegend nur zu gut kannten und mittlerweile durch einige Urner, Schwyzer und Männer aus Unterwalden verstärkt worden waren, nutzten den Augenblick und warfen Steinbrocken und Baumstämme auf das Heer unter sich. Wer nicht erschlagen wurde, rannte in Panik davon. Doch auch das war eine Todesfalle, denn nicht wenige Männer gerieten bei ihrer Flucht in die Sümpfe im oberen Linthgebiete und ertranken dort in den schweren Rüstungen. Noch mehr Tote und Verletzte gab es, als eine Brücke unter der

Last der fliehenden Soldaten einstürzte. Von Rachegelüsten getrieben, setzten die Eidgenossen nach und brannten das umkämpfte Städtchen Weesen bis auf die Grundmauern ab. Die Bilanz der Schlacht war für Habsburg verheerend. Obwohl gerade einmal 600 Eidgenossen gegen eine zehnfach übermächtige Armee kämpften, fielen auf Schweizer Seite nur 54 Soldaten. An sie erinnert seit 1839 eine Tafel an der damaligen Pfarrkirche Mollis. Auf der Seite Habsburgs kamen mindestens 1700 Menschen ums Leben. Sie wurden in der Nähe der Letzimauer verscharrt.

DER FRIEDENSVERTRAG Die Schlacht hatte weitreichende Folgen. Habsburg, das den Ausgang der Schlacht als gottgegeben

Auch ein kleines Stück der früheren Letzimauer wurde originalgetreu rekonstruiert.

ansah, war nun bereit, einen vorerst temporären Friedensvertrag zu unterzeichnen und sämtliche Ansprüche auf die Region aufzugeben. Ein paar Jahre später wurde das Abkommen verlängert und nie mehr aufgelöst. Die Schlacht bei Näfels war somit die letzte von einer ganzen Reihe von blutigen Zusammenstößen zwischen den Habsburgern und den Eidgenossen.

Glarus steigt nach dem Sieg zu einem gleichberechtigten Mitglied der Acht Alten Orte auf.

OBELISK UND GEDENKTAG Einiges von der Schlacht hat sich bis heute erhalten. Knapp hundert Jahre nach den Ereignissen wurde auf dem Gebiet der heutigen Hilariuskirche eine Schlachtkapelle gebaut, um den Heiligen für ihre Unterstützung im Kampf zu danken. Daraus entwickelte sich die Näfelser Fahrt, heute ein kantonaler Feiertag, bei dem jeweils am ersten Donnerstag im April militärische Ehrenformationen, Musikgruppen und Fahnenträger von Näfels Richtung ehemaliges Schlachtfeld ziehen. Zum 500. Jahrestag des Sieges wurde 1888 am Ort des Geschehens ein Obelisk errichtet, den man auch heute noch besuchen kann. Gleich hinter dem Denkmal befindet sich außerdem ein kleines Stück der Letzimauer. Sie wurde originalgetreu rekonstruiert.

Ein Lost Place

Nicht weit von Näfels entfernt befindet sich der vermutlich bekannteste Lost Place der Schweiz: die ehemalige Autobahnraststätte Walensee. Sie wurde vor rund 20 Jahren geschlossen, weil der Einspurstreifen nicht mehr den jüngsten Vorschriften entsprach und es wegen des nahe gelegenen Tunnels keine Möglichkeit gab, die Autobahneinfahrt zu verlängern. Die Raststätte sieht man von der Autobahn nur in Fahrtrichtung Zürich.

Bei den Aufräumarbeiten nach dem Elmer Bergsturz erwies sich der Aeschenstein als zu groß, um abtransportiert zu werden.

26

GIER IM SCHIEFERBERGWERK

Spuren des Elmer Bergsturzes

Elm ist für seine wunderschönen und gut erhaltenen Holzhäuser bekannt. Dabei löschte ein massiver Bergsturz vor fast 150 Jahren große Teile des Glarner Bergdorfs aus. Die Spuren der Katastrophe sind bis heute zu sehen.

Ort Schiefertafelfabrik Elm, Sandgasse 13, 8767 Elm **GPS** 46.917922, 9.172719
Anfahrt **ÖV:** Mit dem Zug über Ziegelbrücke nach Schwanden, von dort mit Buslinie 541 bis Elm Dorf **Auto:** Auf Autobahn A3 bis Niederurnen, Route 17 bis Schwanden, links ins Sernftal abbiegen und bis Elm fahren. Parkplatz am Ortseingang. Info: www.landesplattenberg.ch

KATASTROPHE MIT ANSAGE Schon Tage vor dem Felssturz am 11. September 1881 hatte man die immer tiefer werdenden Risse in der Wand südöstlich von Elm entdeckt. An einigen Stellen war der Boden abgesackt und immer wieder stürzten Steinbrocken in die Tiefe. Eine Gefahr für das malerische Bauerndorf ganz am Ende des Glarner Sernftals wollte jedoch niemand kommen sehen. Auch nicht am Morgen vor dem Unglück, als herunterfallende Brocken einen derart großen Lärm von sich gaben, dass der Gottesdienst gestört wurde. Für die meisten war es ein Sonntag wie jeder andere auch: Man zog sich schön an, ging spazieren, empfing Gäste. Die aufziehende Gefahr wurde geschickt verdrängt.

DREI VERHEERENDE FELSSTÜRZE Das änderte sich schlagartig, als kurz nach 17 Uhr ein Teil des Tschinglenbergs in die Tiefe rutschte und mehrere Bauten unter sich begrub. Nun dämmerte den Talbewohnern, was auf sie zukommen könnte. In Panik begannen sie, ihr Hab und Gut zusammenzupacken. Junge Männer eilten aus weiter entfernten Teilen des Dorfs herbei, um zu helfen, den Hausrat aus der Gefahrenzone zu schleppen. Doch für eine Evakuierung war es mittlerweile zu spät. Nur eine Viertelstunde später gab der Berg erneut nach. In zwei kurz aufeinanderfolgenden Stürzen donnerten rund 10 Millionen Kubikmeter Schiefergestein ins Tal. Menschen wurden von der Druckwelle erfasst und weggeschleudert, Bäume knickten um. Dann kamen die haushohen Felsbrocken, die durch die Luft gewirbelt wurden und alles unter sich erschlugen. Der Geröllstrom bahnte sich wie eine Sturzflut den Weg in die Tiefe und schoss an der gegenüberliegenden Talseite rund 100 Meter hoch, wo Dorfbewohner glaubten, in Sicherheit zu sein. Als sich die dicke Staubwolke verzogen hatte, wurde das ganze Ausmaß der Katastrophe sichtbar. Weite Teile des Dorfs waren verwüstet, 114 Dorfbewohner, darunter 37 Kinder, ums Leben gekommen. Die meisten lagen verschüttet unter einer bis zu 20 Meter hohen Dreckschicht. Einige Leichen wurden in den folgenden Tagen und Wochen geborgen und auf dem Friedhof beigesetzt. Die meisten ließ man jedoch in den Trümmern ihrer Häuser unter den Gesteinsbrocken des Tschinglenberges begraben.

MENSCHLICHES VERSAGEN Das Unglück war alles andere als eine Naturkatastrophe. Nachdem der Schieferabbau den Sernftaler Bergbauern schon seit Jahrhunderten einen

Gedenktafel mit den Namen der Opfer an der Außenwand der reformierten Kirche

Bis zum Restaurant Bahnhof floss der Geröllstrom.

willkommenen Nebenverdienst verschafft hatte, stieg mit der Einführung der allgemeinen Schulpflicht die Nachfrage nach Schiefertafeln und Griffeln sprunghaft an. Dies dürfte ein Grund dafür gewesen sein, dass Elm 1868 einem Konsortium von außerhalb des Orts eine Konzession für den gewerbsmäßigen Abbau der Bodenschätze gab. Voller Neid auf die guten Verdienste entschlossen die Elmer Tagwensbürger 1878, den Schieferabbau künftig in eigener Regie zu betreiben. Doch anders als die erfahrenen Unternehmer fehlte den hiesigen Bauern das nötige Wissen für den Bergbau. Das führte schließlich zur Katastrophe. Als der Schiefer immer schwerer abzubauen war, begannen die Männer, auch die zuvor stehen gelassenen Stützpfeiler abzubauen. So entstand nach und nach ein rund 180 Meter breiter und etwa 65 Meter tiefer Hohlraum, der im Herbst vor dem Unglück durch eine anhaltende Regenperiode zusätzlich unterspült wurde und letztendlich nachgab. Zur Katastrophe trug allerdings auch die Fehleinschätzung der Behörden bei: Noch am Tag vor dem Sturz hatte eine Delegation rund um den Kantonsförster das Gelände untersucht und Entwarnung gegeben.

EIN EINSAMER BROCKEN Wer etwas genauer hinschaut, erkennt die Spuren des Unglücks noch immer. An der Hauswand des ehemaligen Restaurants »Bahnhof« etwa erinnert eine Tafel daran, dass der Trümmerstrom einst bis hierhin floss. Ein paar Fußminuten weiter, hinter dem alten Bahnhofsgelände und auf der anderen Seite der Sernf, steht in einem ansonsten flachen Feld ein gewaltiger Felsbrocken mit einer einladenden Sitzbank davor. Als man vor über 140 Jahren die Felder wieder urbar machte, war der »Aeschenstein« zu groß, um ihn zu entfernen. Also ließ man ihn als trauriges Mahnmal an Ort und Stelle stehen. Einen besonders traurigen Gedenkort birgt die Außenwand der reformierten Kirche. Hier sind auf einer Tafel die Namen aller Opfer eingetragen. Und noch ein Andenken, das man sogar mit nach Hause nehmen kann, hat sich erhalten: Der Schweizer Schriftsteller und Kabarettist Franz Hohler erinnert mit seiner Novelle »Die Steinflut« an den Bergsturz. Sie erzählt die wahre Geschichte der siebenjährigen Katharina Disch, die als Einzige ihrer Familie den Felssturz überlebte, weil sie sich wegen einer schlechten Vorahnung weigerte, mit ihrer Großmutter ins Tal zurückzukehren.

NEUANFANG Der Bergsturz war allerdings nicht das endgültige Aus für die Elmer Schiefer-Industrie. Weil mit der vollständigen Zerstörung des Schieferbergwerks in Elm zahlreiche Arbeitsplätze wegfielen und die zwischenzeitlichen Verdienstmöglichkeiten bei der Urbarmachung der rund 90 Hektar verschütteter Nutzfläche nach einigen Jahren auch versiegten, stieg der wirtschaftliche Druck ständig, den Schieferabbau wieder zuzulassen. Dies geschah 1890, nachdem der Geologe Albert Hein in einer Untersuchung festgestellt hatte, dass ein sicherer Abbau möglich wäre, wenn er im Stollenbau erfolgte. Die zunächst reichen Lager waren allerdings nicht lange ergiebig. Nach dem Ausbruch des Ersten Weltkriegs musste auch der letzte Betreiber aufgeben.

Das besondere Erlebnis

In der Nähe der Elmer Kirche hat sich in einem alten Holzhäuschen die letzte noch funktionstüchtige Schiefertafelfabrik der Schweiz erhalten. In unregelmäßigen Abständen lässt sie sich im Rahmen einer öffentlichen Führung besuchen. Dabei werden die unterschiedenen Arbeitsschritte gezeigt, die es braucht, um Schul- und Jasstafeln herzustellen. Noch mehr zur Geschichte der Schieferproduktion erfährt man im Landesplattenberg Engi. In den Stollen des 1961 stillgelegten Schieferbergwerks ein paar Dörfer talabwärts wird ein faszinierendes Bild vom beschwerlichen Arbeitsalltag der Mineure vermittelt. www.landesplattenberg.ch/

In der letzten noch funktionstüchtigen Schiefertafelfabrik der Schweiz erfährt man viel über die Herstellung von Griffeln und Schiefertafeln.

27

SCHULD UND SÜHNE AM VIERWALDSTÄTTERSEE

Die Kindlimord-Kapelle

Was tut ein Vater, der sein eigenes Kind erschlägt und fortan unter dem schlechten Gewissen leidet? Er betet und baut eine wunderschöne Kapelle direkt am Ufer des Vierwaldstättersees.

Ort Kindlimord-Kapelle, Seestrasse, 6442 Gersau. **GPS** 46.989743, 8.551146
Anfahrt **ÖV:** Ab Bahnhof Brunnen mit Bus 502 Richtung Küssnacht bis Station »Gersau, Kindli-Strandbad«. **Auto:** Auf der Autobahn A4 bis Brunnen, Wegweiser Richtung Brunnen folgen und beim zweiten Kreisverkehr rechts nach Gersau abbiegen. Die Kapelle befindet sich direkt an der Straße etwa 1 km vor dem Ort.

Schwer zu glauben, dass ein brutales Verbrechen der Grund für den Bau der Kindlimord-Kapelle gewesen sein soll.

Auf diesem Felsen soll der Vater seine Tochter erschlagen haben.

BLUTTAT AM SEEUFER Es ist eine grauenvolle Szene, die sich vor rund 500 Jahren am Ufer des Vierwaldstättersees abgespielt haben soll. Ein Fischer aus Treib, einer Ortschaft am gegenüberliegenden Ufer, ist in der Nacht über den See gefahren und legt mit seinem Boot etwa eine halbe Stunde Fußmarsch von Gersau an. Mit dabei sein hungriges Töchterlein, für dessen Versorgung der notorische Spieler und Trinker stets zu wenig Geld übrig hat. Das Kind fleht verzweifelt um Essen, doch der Vater, noch immer berauscht vom durchzechten Abend, hat anderes im Sinn. Erst wenn das Mädchen drei Fragen beantwortet, bekomme es ein Stück Brot, droht der Mann. »Was ist weicher als Flaum«, will er als Erstes wissen. »Das Herz der Mutter«, antwortet das Kind. »Was süßer als Honig?« »Muttermilch.« Und was ist härter als Stein? Als das Mädchen nun das Herz des Vaters nennt, übermannt diesen ein Wutanfall. Er ergreift das Kind, wuchtet es mit aller Kraft gegen einen Felsbrocken und wirft den leblosen Körper anschließend ins Wasser.

FOLGEN BIS HEUTE SICHTBAR Erst nach und nach kommt der Mörder wieder zu Sinnen und bereut nun seine Tat zutiefst. Zur Sühne bringt er deswegen zunächst ein kleines Kreuz auf dem Felsen an, wo sein Kind starb. Doch als ihm das nicht den erhofften Seelenfrieden bringt, errichtet er etwas später auf einem Felsvorsprung über dem Tatort eine kleine Kapelle, die bis heute zu sehen ist. Die roten Schuhe des Mädchens sollen eine Weile auf der Wasseroberfläche getrieben haben und später in der Nähe von Viznau an Land gespült worden sein – dort, wo heute die Jugendherberge »Rotschuo« an die düstere Legende erinnert.

DAS BILD DER MORDNACHT Ob sich die Geschichte tatsächlich so ereignet hat, lässt sich heute nicht mehr sagen. Urkundlich beglaubigt ist allerdings, dass im Jahr 1570 direkt am Seeufer eine kleine Kapelle errichtet wurde, die 1708 zu dem Gebäude erweitert wurde, das man heute sieht. Ebenfalls wissen wir, dass sie über die Jahre ein bedeutender Wallfahrtsort wurde. Dass die Legende zumindest schon eine längere Zeit kursiert, beweist ein Gemälde aus dem Jahre 1814 im Innern der Kapelle. Es zeigt in düsteren Farben die Geschichte vom Mord. Darunter erklärt eine Schrift: »Er landet an, nimmt es bei den Füssen und schlägt es so lange um die Felsen, bis sein zartes Haupt zerschmettert ist.« Man liest es und kann doch nicht so recht glauben, dass der idyllische Ort zwischen Seeufer und Föhrenwald einst Schauplatz einer wüsten Bluttat war.

Das besondere Erlebnis

An verschiedenen Gebäuden in und um Gersau wehen blaurote Flaggen. Dabei handelt es sich allerdings nicht um das gleich aussehende Emblem des Tessins, sondern um die Flagge der »altfryen Republik« Gersau. 1359 ging Gersau ein Bündnis mit den drei Urkantonen und Luzern ein und kaufte sich 1390 von der habsburgischen Vormundschaft frei und blieb bis zur Helvetik ein eigenständiger Staat. Mehr zur spannenden Geschichte des Dorfs erfährt man im Historischen Museum von Gersau.

Die Idylle der Schwanauinsel verbirgt ein dunkles Geheimnis.

28

BÖSER SCHLOSSHERR, EINSIEDLER UND FLUTWELLE

Das Schloss Schwanau

Auf der 200 Meter langen und bis zu 55 Meter breiten Insel Schwanau steht vom früheren Schloss nur noch ein einsamer Turm. Was ist sein Geheimnis?

Ort 6424 Lauerz, **GPS** 47.032599, 8.597896
Anfahrt ÖV: Ab Bahnhof Arth-Goldau mit Bus 501 Richtung Muotathal, Hölloch bis Station Lauerz, Schwanau. **Auto:** Auf Autobahn A4 bis Ausfahrt Goldau, anschließend Gotthardstrasse Richtung Lauerz 4 km folgen. Insel links gut sichtbar. Parkplätze bei gutem Wetter knapp. Achtung: Fähre auf Insel verkehrt ausschließlich während der Öffnungszeiten vom Restaurant Schwanau.

DIE SCHÖNE BÄUERIN Rund hundert Meter vom Ufer des Lauerzersees liegt eine kleine, dicht bewaldete Insel. Wer sich ihr nähert, erkennt leicht eine Bootanlagestelle, eine Kapelle und ein hübsches Holzhaus, das ein in der Region bekanntes Restaurant beherbergt. Den dunklen Steinturm, der sich gleich dahinter erhebt, sieht man allerdings erst aus der Nähe. Er gehört zum Schloss Schwanau, um dessen Zerstörung sich eine düstere Sage rankt. So soll auf ihr einst ein brutaler, habsburgischer Herrscher gelebt haben, der aus der Sicherheit seiner Insel und den festen Mauern der Burg die Bauern im Umland terrorisierte. Als er an einem schönen Nachmittag im Jahr 1308 durch das nahe gelegene Dorf Arth ritt, fiel sein Auge auf die hübsche Bauerstochter Gemma. Als Tyrann war er gewohnt zu bekommen, was er wollte. Also packte er die junge Frau kurzerhand und entführte sie auf sein Schloss. Gemma sah keine andere Möglichkeit, dem Wüstling zu entkommen, als sich von der Spitze des Turms ins Wasser zu stürzen und sich das Leben zu nehmen.

DIE RACHE DER BRÜDER Was der Schlossherr nicht wusste: Gemma hatte zwei Brüder, die sich schon zuvor durch ihren großen Mut ausgezeichnet hatten und fest entschlossen waren, den Entführer für seine Untat büßen zu lassen. Als der Tyrann wieder einmal sein Schloss verließ, lauerten sie ihm in einer dunklen Ecke auf und erschlugen ihn samt seinen Begleitern. Doch nachdem die erste Euphorie verflogen war, kamen die beiden ins Grübeln. Früher oder später, so räsonierten sie, würde auf dem Schloss die Abwesenheit des Herren bemerkt werden. Um zu verhindern, dass die Schergen des Tyrannen ihre Wut wahllos an den Bauern ausließen, musste also rasch eine Lösung her. In ihrer Not wandten sich die beiden an das benachbarte Schwyz, von dem sie wussten, dass es dem Herrn von Schwanau ebenfalls nicht gerade wohlgesinnt war. So kam es, dass bereits am nächsten Morgen in aller Früh die Schwyzer und Lauerzer vereint das Schloss angriffen und in Schutt und Asche legten. Nur den Turm, von dem sich Gemma in den Tod rettete, ließ man als Mahnmal stehen.

DER EINZUG DER EREMITEN Wie so oft bei Erzählungen aus dem Mittelalter ist auch hier der historische Kern schwer zu überprüfen. Die älteste Erwähnung findet man jedenfalls im mehr als 150 Jahre später erschienen »Weissen Buch von Sarnen« – jenem Buch, wo auch die Sage von Wilhelm Tell das erste Mal auftauchte, und das wohl weniger als historische Quelle, sondern eher als politisches Pamphlet zu lesen ist. Nichtsdestotrotz wurden bei archäologischen Grabungen großflächige Brandspuren entdeckt, die nahelegen, dass das Schloss Mitte des 13. Jahrhunderts gestürmt und zerstört wurde – wenn auch unklar ist, von wem. Wie auch immer, die weitere Geschichte der Insel präsentiert sich klarer. Nach der Schleifung der Burg blieb das Eiland lange verlassen. Erst um 1620 wagten sich Eremiten auf die Insel. Sie bauten sich eine Klause und eine erste Kapelle. Über die Jahrhunderte fand nun ein steter Wechsel unter den Einsiedlern statt. Viele hielten es nur wenige Jahre, manche sogar nur Monate in der Einsamkeit aus.

DER TSUNAMI Als sich im Herbst 1806 in der Nähe von Goldau ein Teil des Bergs löste und die Hälfte des Dorfs auslöschte, stürzte auch ein beträchtlicher Teil des Gerölls in den Lauerzersee. Eine Flutwelle – laut Augenzeugen bis zu 20 Meter hoch – zerstörte daraufhin die Seeufer und zog auch über die Insel hinweg. Die Behausungen der Einsiedler und die Kapelle, die bereits während der Franzosenkriege Schaden genommen hatte, wurden zerstört. Todesopfer gab es zumindest auf der Insel keine. Zwei Jahre später kaufte der General Ludwig Auf der Maur die Insel, nannte sich fortan »Ritter von Schwanau« und baute eine neue Kapelle. Sie ist bis heute erhalten geblieben.

GLACÉ UND SCHLOSSTURM 1967 ging die Insel an den Kanton Schwyz zurück und ist seither öffentlich zugänglich. Wer sie besuchen möchte, sollte dies während der Betriebszeiten des Restaurants Schwanau machen. Denn dieses betreibt eine kleine, elektrisch betriebene Fähre, die Gäste in wenigen Minuten trockenen Fußes auf die Insel übersetzt. Von der Anlagestelle führt eine kurze Treppe hoch zur Kapelle, neben der sich gleich die Terrasse des Restaurants befindet, dessen leckere, hausgemachte Eiscreme man sich nicht entgehen lassen sollte. Noch ein paar Schritte weiter oben erreicht man den Innenhof des früheren Schlosses. Hier laden schattige Bänkchen zum Verweilen ein. Die schönste Stelle auf der Insel befindet sich aber wahrscheinlich auf dem alten Schlossturm. Der grandiose Ausblick auf den Lauerzersee, die Rigi und die Mythen entschädigt für die ungewöhnlich steile Treppe, die auf den Turm hinaufführt.

Die Illustrationstafel zeigt, wie das Schloss vor dem Angriff aussah.

Das besondere Erlebnis

Auf dem rund 34 Hektar großen Bergsturzgebiet bei Goldau befindet sich heute einer der schönsten Tierparks der Schweiz. Rund 100 einheimische und europäische Wildtierarten sind in ihm beheimatet. Darunter Bären, Wölfe und Luchse. Mehr unter www.tierpark.ch

Außer dem düsteren Turm konnten sich nur wenige Teile des Schlosses bis heute erhalten.

29

RETTUNG AUS DER LUFT

Fliegerdenkmal auf dem Gauligletscher

1946 kam ein amerikanisches Militärflugzeug vom Kurs ab und prallte oberhalb von Innertkirchen in den Berg. Wie durch ein Wunder überlebten alle Insassen. Die folgende Rettungsaktion ging in die Geschichte der Luftfahrt ein.

Ort Urbachtal, 3862 Innertkirchen, **GPS** 46.627172, 8.196542
Anfahrt ÖV: Ab Bahnhof Innertkirchen MIB eine rund sechsstündige, anspruchsvolle T3-Wanderung zur Gaulihütte. Von dort Wanderung zur Absturzstelle.
Auto: Von Innertkirchen bis ans Ende des Urbachtals, wo es Parkmöglichkeiten gibt. Von dort zu Fuß weiter zur Gaulihütte.

Der Fieseler Fi 156, mit dem die erste Bergrettung aus der Luft glückte, ist im Flieger und Flabmuseum in Dübendorf ausgestellt.

Informationstafel über die anspruchsvolle Wanderung zur Gaulihütte des Schweizer Alpenclubs

AB VOM KURS Als am frühen Nachmittag des 19. November 1946 eine Dakota C-53 der US Army vom Münchner Flugplatz mit dem Ziel Marseille abhob, ahnte niemand, dass dieser Flug einmal Luftfahrtgeschichte schreiben würde. Bereits beim Start regnete es in Strömen. Im dichten Nebel konnten die beiden Piloten nur mit Mühe erkennen, wohin sie flogen. Über Innsbruck verloren sie im Instrumentenflug die Orientierung und steuerten ihre Maschine statt nach Süden auf die hohen Gipfel der Berner Alpen zu. Radar gab es damals noch nicht, sonst wäre ihnen wahrscheinlich aufgefallen, dass sie die bis zu 300 Meter höheren Gipfel mehrmals knapp verfehlten. Ein paar Kilometer südlich des Brienzersees geschah das Unvermeidbare: Die Dakota kollidierte mit einem Berg. Glücklicherweise war er an dieser Stelle nahezu flach, sodass sich die Maschine in den weichen Tiefschnee bohrte und auf einer Strecke von 80 Metern über das Eis schlitterte, bis sie schließlich weitgehend intakt zum Stehen kam. Wie durch ein Wunder blieben alle Insassen am Leben.

SUCHE AM FALSCHEN ORT Für die acht Passagiere und die vier Besatzungsmitglieder, zum Teil hochrangige Militärangehörige, begann damit die Odyssee aber erst. Weil der Pilot die Absturzstelle fälschlicherweise in der Nähe von Grenoble in den französischen Alpen vermutete und dies im Notruf auch so durchgab, schickte das US-Militär die Suchteams zunächst in die falsche Gegend. Für die verunglückten Passagiere galt es unterdessen, sich auf die lebensfeindliche Umgebung auf gut 3500 Metern Höhe und Temperaturen um die minus 15 Grad einzurichten. Nachdem man die Verletzten versorgt hatte, stopfte man die zerbrochenen Scheiben mit Fallschirmstoff zu und hielt so den eisigen Wind vom Innern der Kabine fern. Über einem kleinen Feuer im Freien wurde Schnee zu Trinkwasser geschmolzen. Essen fand man im Gepäck.

TRIANGULATION Als der Pilot wieder einmal einen Notruf abgab, fiel einem Offizier auf dem nah gelegenen Militärflughafen in Meiringen auf, dass die Funksprüche für die vermutete Distanz zur Absturzstelle ungewöhnlich deutlich waren. Das Unglück, so vermutete er, musste sich ganz in der Nähe ereignet haben. Eine Peilung bestätigte den Verdacht. Vier Tage nach dem Absturz begann man, den verschollenen Flieger im Dreieck Airolo-Sion-Jungfrau zu suchen. Als das Wrack bei einem Überflug entdeckt wurde, setzte die bis dahin größte Rettungsaktion in den Alpen ein. Mit einem Sonderzug brachten die Amerikaner 150 Gebirgsjäger mit Ambulanzen, Jeeps und Kettenfahrzeugen ins Berner Oberland. Doch für das winterliche Hochgebirge waren sie nicht ausreichend vorbereitet. Stattdessen machte sich ein Trupp von einheimischen Bergführern und Ärzten zu Fuß zur Absturzstelle auf.

KUFEN AUF SCHNEE Allerdings war der Aufstieg kaum in weniger als einem Tag zu schaffen. Auf dem Militärflugplatz Meiringen zerbrach man sich deswegen den Kopf und entschloss sich schließlich, etwas nie Dagewesenes zu versuchen. Zwei besonders wendige Kleinflugzeuge wurden mit Kufen ausgestattet, die es ermöglichen sollten, direkt unterhalb der Unglücksstelle auf dem flachen und zugeschneiten Berg zu landen. Obwohl der Erfolg alles andere als sicher war, gelang es den Schweizer Militärpiloten Victor Hug und Pista Hitz ganze neun Mal, im Hochgebirge sicher aufzusetzen und alle Verunglückten ins Tal zu fliegen. Diese erste geglückte Bergrettung aus der Luft löste ein weltweites Medienecho aus und half der Schweiz, die nach dem Zweiten Weltkrieg angeschlagenen Beziehungen zu den USA zu verbessern. Die gelungene Aktion zeigte aber auch die Möglichkeiten der Luftrettung auf. Dies führte einige Jahre später zur Gründung der Rega, der Schweizer Rettungsflugwacht.

VERSCHWUNDEN UND WIEDER AUFGETAUCHT Die Bruchlandung hat bis heute Spuren hinterlassen. Bereits ein Tag nach der Rettung sorgte ein Wetterumschwung dafür, dass das Wrack unter einer dicken Schneedecke begraben wurde und sich bis heute im Innern des Gauligletschers versteckt hält. Wegen der anhaltenden Gletscherschmelze ist es allerdings nur eine Frage der Zeit, bis der Flieger wieder

Am Ende des Urbachtals beginnt der Aufstieg zur Gaulihütte, von wo aus eine hochalpine Wanderung zum Absturzort führt.

auftaucht. Bereits vor einigen Jahren entdeckten Wanderer rund 3,5 Kilometer unterhalb des Einschlagorts einzelne Trümmerteile. Einen der so gefundenen Propeller kann man seither in Innertkirchen in der Dakota-Ausstellung im Grimseltor besichtigen. Auch ein Besuch der Absturzstelle, markiert durch eine kleine Informationstafel, ist als schöner, aber eher anspruchsvoller Tagesausflug ab der Gaulihütte des Schweizer Alpenclubs möglich. Auch die beiden originalen Rettungsflieger sind erhalten geblieben. Der grünbemalte Fieseler Fi 156 ist im Flieger und Flabmuseum im Dübendorfer Militärflugplatz neben zahlreichen anderen historischen Militärflugzeugen ausgestellt.

Das besondere Erlebnis

Der eigentliche Tourismusmagnet der Region ist die bekannte Aareschlucht zwischen Meiringen und Innertkirchen. Vergleichsweise unbekannt ist die Gletscherschlucht Rosenlaui. Auf einem gesicherten Weg geht es vorbei an wuchtigen Wasserfällen, romantischen Grotten und bizarren Felsschliffen, die die Kraft der Natur in eindrucksvoller Weise demonstrieren.

Auch die moderne Gotthard-Passstraße führt über das frühere Nadelöhr Schöllenenschlucht.

30

TEUFLISCHE LIST UND EINE BRÜCKE ALS NADELÖHR

Die Teufelsbrücke

Lange galt die wilde Schöllenenschlucht als unpassierbar. Mit dem Bau eines Saumpfads entwickelte sich das Tal jedoch schon bald zu einer der wichtigsten Alpentransversalen des Landes. Abseits der Straße spürt man die frühere Wildheit noch immer.

Ort Gotthardstrasse, 6487 Göschenen **GPS** 46.647396, 8.590707
Anfahrt **ÖV:** Bahnhof Andermatt, dann 20 Minuten zu Fuß
Auto: Auf der Autobahn A2 bis Göschenen, dann Gotthardstrasse folgen.
Achtung: Begrenzte Parkmöglichkeiten bei Teufelsbrücke.

BLICK IN DEN ABGRUND Wer heute ins Tessin fährt, saust meistens entweder mit 250 Stundenkilometer durch den Basistunnel oder tuckert etwas gemächlicher durch den staugeplagten Straßentunnel. Vom Schrecken, den der Gotthard einst ausstrahlte, ist nicht mehr viel zu spüren. Dabei ist es noch gar nicht lange her, dass die Route als schwer oder sogar als gänzlich unpassierbar galt. Die größte Herausforderung war die Schöllenenschlucht mit ihren zerklüfteten Felswänden, den herabstürzenden Bächen und der Reuss, die im Talgrund bedrohlich knurrt und gurgelt.

EINE TEUFLISCHE LIST Die Urner versuchten deswegen früh, sichere Wege in die Schlucht zu schlagen. Zunächst mit mäßigem Erfolg. Immer wieder stürzten Säumer mit ihren wertvollen Gütern in die Fluten und ertranken. Laut einer bekannten Legende soll nach einem solchen Zwischenfall ein Landammann wütend ausgerufen haben: »So soll eben der Teufel eine Brücke bauen!« Zur großen Überraschung erschien der Gemaledeite höchstpersönlich und bot an, die Brücke zu errichten. Als Preis verlangte er allerdings die erste Seele, die über das Bauwerk gehen würde. Widerwillig ließen sich die Urner darauf ein. Als die Brücke am nächsten Tag fertig war und die Einheimischen vor der schwierigen Entscheidung standen, wer nun als Erster über die neue Verbindung gehen sollte, fiel ihnen eine List ein. Sie schickten einen Ziegenbock voraus. Als der Teufel mitbekam, dass er betrogen wurde, warf er zornig einen schweren Felsen in Richtung Brücke. Eine alte Frau schaffte es gerade noch rechtzeitig, ein Kreuz auf die Brücke zu zeichnen und so ihre Zerstörung zu verhindern.

AUF ZAHNRÄDERN Doch zurück in die Realität. Die Schöllenenschlucht lässt sich hervorragend zu Fuß erkunden. Ausgangspunkt der Wanderung ist der Bahnhof Andermatt. Stilecht erreicht man diesen übrigens über eine rund vier Kilometer lange Zahnradbahnstrecke, die auf ihrem Weg von Göschenen teilweise Steigungen von bis zu 17,9 Prozent überwindet. Die Bahn nahm 1917 den Betrieb auf und war trotz des heftigen Widerstands der örtlichen Fuhrhalter gebaut worden, die um ihre Einnahmen bangten. Da die Bahn eine weitgehend wintersichere Verbindung zwischen der Gotthardbahn und den Reduit-Bunkern (siehe auch Kapitel: 31) darstellte, hatte sie auch eine militärische Bedeutung.

ÄLTESTER TUNNEL DER SCHWEIZ Der Spaziergang führt uns zunächst an einem großen Hotelkomplex vorbei, überquert den Kreisel und folgt auf der anderen Talseite einige Meter der Hauptstraße, die in einem

Ein Steinkreuz gedenkt russischer Soldaten, die beim Kampf gegen Frankreich starben.

Drei Brücken über die Schöllenenschlucht: vorne das Eisenbahnviadukt, in der Mitte die alte Straße und im Hintergrund die moderne Schnellstraße. Wer genau hinsieht, erkennt das Fundament der alten Teufelsbrücke.

Tunnel verschwindet. Es lohnt sich, hier einen Augenblick innezuhalten. Denn bei dem Straßentunnel handelt es sich um das Urnerloch, den ältesten Verkehrstunnel der Schweiz. Er war ursprünglich in den Jahren 1707 und 1708 gebaut worden, um den Holzsteg zu ersetzen, der sich außen an den Felsen der Reuss entlanghangelte und bei Hochwasser regelmäßig weggeschwemmt wurde. Der 64 Meter lange Durchgang war anfangs gerade mannshoch und unbeleuchtet, wurde aber später mehrfach erweitert. Heute befindet sich der Wanderweg auf der Oberseite des Galerienbauwerks, das die Fahrbahn vor herabstürzendem Gestein schützt.

GEDENKEN AN DIE SCHLACHT Vom anderen Ende des Tunnels sind es nur wenige Schritte bis zur »Teufelsbrücke«. Die erste hölzerne Brücke, die um 1230 mutmaßlich vom Teufel errichtet wurde, hat man bereits 1595 durch eine schmale Steinbrücke ersetzt. Sie wurde rund zwei Jahrhunderte später Zeuge einer militärischen Auseinandersetzung. Nachdem die Eidgenossenschaft 1798 mit der Besetzung durch französische Truppen zur Helvetischen Republik wurde, taten sich Russland, Österreich und England zusammen, um Frankreich zu schwächen. General Alexander W. Suworow, der mit über 22 000 Soldaten im Tessin stand, wurde mit dem Feldzug beauftragt. Der Plan war, dass sie sich vor dem besetzten Zürich mit der Armee der Koalitionspartner vereinigen. Doch dazu kam es nicht. Bereits in der Nähe des Gotthard-Hospizes kam es zu ersten Kämpfen. Am 25. September 1799 prallten die Truppen in der Schöllenenschlucht erneut zusammen. Um die rasch vorrückenden Russen abzubremsen, sprengten die Franzosen die Brücke. Suworow ordnete daraufhin an, auf einfachen Holzbrettern die klaffende Lücke zu überqueren. Der Durchbruch gelang, forderte aber zahlreiche Opfer. Militärisch gesehen erwies sich die Aktion als wirkungslos: Als die stark dezimierten Russen vor Zürich ankamen, waren die Truppen der Partner bereits aufgerieben. Suworow machte kehrt. An die rund 700 gefallenen russischen Soldaten erinnert nicht nur das in einer Windung der alten Gotthardstrasse gelegene Suworow-Restaurant, sondern auch ein zwölf Meter hohes Steinkreuz, das zum hundertsten Jahrestag der Schlacht eingeweiht wurde.

ABGESCHNITTEN VON DER WELT Für die Urner brachen nun schwere Zeiten an. Weil Napoleon den Simplon-Pass zu einer befahrbaren Heeresstraße ausbauen ließ, der König von Sardinien und Piemont mit den Bündnern eine Passstraße über den San Bernardino erstellte und die alte Teufelsbrücke nur notdürftig repariert werden konnte, verlor

Militärische Bauten säumen den Weg durch die Schlucht.

Auf der alten Gotthardstrasse kann man in rund einer Stunde nach Göschenen wandern.

die Gotthardroute rasch an Bedeutung. Um dem Bedeutungsverlust entgegenzuwirken, wurde 1830 eine zweite, größere Steinbrücke errichtet. Die alte wurde dem Verfall überlassen, bis sie 1888 tatsächlich einstürzte. Neben dem nördlichen Brückenpfeiler ist das Fundament der alten Brücke noch zu erkennen.

DAS UNTERE TAL Wer mag, kann von hier aus in rund einer Stunde gemächlich nach Göschenen hinabwandern. Den ersten Teil legt man auf der alten Gotthardstrasse zurück – es ist schwer sich vorzustellen, dass auf dem schmalen Weg noch bis 1958 Autos und Lastwagen verkehrten. Es geht weiter über den Geissenplatz, eine Raststätte für Fußgänger mit Bänkchen und Grill, über die verengte Tanzenbeingalerie und mündet schließlich in einen klassischen Wanderweg entlang der Reuss. Kurz vor dem Ortseingang zu Göschenen kommt man noch an der Häderlisbrücke von 1649 vorbei. Die aktuelle Brücke ist allerdings ein Nachbau, der 1991 nötig wurde, nachdem die historische Brücke bei einem Hochwasser zerstört worden war.

Das besondere Erlebnis

Wer den Gotthardpass auf eine besondere Weise erleben möchte, kann in Andermatt in eine von fünf Pferden gezogene Postkutsche steigen und nach Airolo reisen, wie das Mitte des 19. Jahrhunderts üblich war. Das nicht ganz günstige Angebot nimmt den gesamten Tag in Anspruch und beinhaltet auch ein Mittagessen im Gotthard-Hospiz. www.gotthardpost.ch

31

BUNKER AUF DEN ZWEITEN BLICK

Das Artilleriewerk Fuchsegg

Die Reduit-Strategie während des Zweiten Weltkriegs sah vor, die Alpenpässe in eine regelrechte Festung zu verwandeln. Das Artilleriewerk Fuchsegg gehört auch dank der ungewöhnlich gut getarnten Gebäude zu den sehenswertesten Übrigbleibseln jener Zeit.

Ort Furkastrasse, 6491 Realp **GPS** 46.589112, 8.480776
Anfahrt OV: Zug bis Bahnhof Andermatt, mit Bus 681 bis Haltestelle Galenstock.
Auto: Auf Autobahn A2 bis Göschenen und über Furkastrasse Richtung Oberwald.
Die Festung Fuchsegg befindet sich direkt unterhalb des Berghotels Galenstock.
Achtung: Anreise mit Bus/Auto nur bei offener Passstrasse in warmer Jahreszeit!!

Kein malerisches Berghaus, sondern ein angemalter Militärbunker

UNAUFFÄLLIGKEIT IST GEWOLLT Wer die Furka-Passstrasse nach Realp hinabfährt, kommt etwa fünf Minuten hinter der Passhöhe an einer Wiese vorbei, die einen besonders schönen Ausblick hinab ins Tal bietet. Manchmal weiden auf ihr Kühe, meistens sind aber die Autos, die das abfallende Gelände in einem weiten Bogen umfahren, das Einzige, was sich hier oben in fast 2000 Metern Höhe bewegt. Dass an den Gebäuden etwas seltsam ist, fällt erst auf den zweiten Blick auf. Kommt man dem betongrauen Wohnhaus näher, erkennt man plötzlich, dass die Fenster nicht echt, sondern lediglich mit dicker Farbe aufgemalt sind; darunter ein seltsames Brett, das einen großen Teil der Fassade abdeckt. Auch bei der Holzscheune ein paar Schritte weiter sieht man bei genauerem Hinsehen, dass sie in Wahrheit aus dickem Beton besteht und zwei ungewöhnlich geformte Auspuffrohe aufgesetzt hat. Am größten ist die Überraschung aber, wenn man sich die vier seltsam geformten Steinblöcke genauer anschaut, die in der Wiese liegen. Aus ihnen ragen, halbwegs getarnt, Kanonenrohre mit einem Kaliber von 10,5 Zentimetern. Willkommen beim Artilleriewerk Fuchsegg!

Zugeschweißte Stahltüren verunmöglichen leider eine Besichtigung von innen.

NEUE VERTEIDIGUNGSSTRATEGIE Die Anlage ist ein Kind der Schweizer Reduit-Strategie. Hatte Bern noch zu Beginn des Zweiten Weltkriegs behelfsmäßig die sogenannte Limmatlinie aufbauen lassen – ein von der französischen Maginot-Linie inspiriertes Abwehrbollwerk aus Panzersperren und Bunkern, das von Sargans über den Walensee und Zürich bis zum Hauenstein verlief –, so änderte sich die Strategie nach der Kapitulation Frankreichs im Juni 1940. Da sich die Schweiz nun von faschistischen Staaten umzingelt sah und zunehmend mit einer deutschen Invasion rechnen musste, ließ General Henri Guisan noch im gleichen Jahr das Land in drei Verteidigungsstaffeln aufteilen: In der äußeren Zone wurde ein relativ großes Grenzgebiet definiert, das weite Teile der Nordwest- und Ostschweiz sowie des Tessins und Graubündens umfasste und vergleichsweise schwach verteidigt war. Das Mittelland als zweite Zone hatte zum Ziel, den allfälligen Vormarsch des Feindes so lange zu verzögern, bis die dritte Zone, das eigentliche Reduit, zur vorbehaltlosen Verteidigung bereit war. Zu diesem Zweck wurden auf einem breiten Gürtel, der sich von St. Maurice im Wallis über den Gotthard bis nach Sargans erstreckte, zahlreiche Sperren, Bunker, Artilleriewerke sowie mehrere Militärflugplätze angelegt. Größere Städte wie Zürich, Basel oder Genf wären allerdings nicht geschützt gewesen, weshalb die Reduit-Strategie heute von Historikern und Militäranalysten teilweise kritisch bewertet wird.

Erst aus der Nähe lässt sich erkennen, dass die Fenster lediglich aufgemalt sind.

BAU DER ANLAGEN Mit der militärpolitischen Entscheidung war es allerdings nicht getan. Der Ausbau verlief vielerorts zögerlich. Auch bei der Festung Fuchsegg kam es zu Planänderungen und Verzögerungen. So wurde bereits im Dezember 1940 der Kredit für den Bau gesprochen, die beiden ersten Kanonen waren jedoch erst im Februar 1942 installiert und wegen der fehlenden unterirdischen Zugänge, über die der Munitionsnachschub hätte erfolgen sollen, nur begrenzt gefechtsbereit. Auch der Bau der unterirdischen Truppenunterkünfte für die Besatzung mit 285 Soldaten kam nicht gut voran. Als die Anlage schließlich im Herbst 1945 dem Festungswachkorps übergeben wurde, war der Zweite Weltkrieg vorbei. Das ursprünglich vorgesehene Budget von 7,3 Millionen Franken war am Ende fast um das Doppelte überschritten worden. Unter absoluter Geheimhaltung wurde Fuchsegg während des Kalten Kriegs weiter genutzt und erst 1995 aufgegeben und deklassifiziert.

Als Felsen getarnte Artilleriekanone zur Sicherung der Alpenpässe

BUNKERTOUR Weil das Artilleriewerk Fuchsegg im Gegensatz zu anderen (weniger interessant getarnten) Bunkeranlagen aus der Zeit des Zweiten Weltkriegs nie in ein Museum verwandelt wurde und alle Zugänge fest verschweißt sind, lässt sich das Gelände nur von außen besichtigen. Der nahe gelegene Bunker Sasso San Gottardo kann in den Sommermonaten im Rahmen von Touren besichtigt werden und in einem Bunker auf der Passhöhe befindet sich das Erlebnishotel La Claustra.

Das besondere Erlebnis

Die schönste Art, den Furka kennenzulernen, ist mit der Dampfeisenbahn. Seit 2010 fährt zwischen Juni und Oktober eine Museumsbahn mit fast 100 Jahre alten Waggons über die zuvor stillgelegte Bergstrecke. Bemerkenswert auf der Route ist die 36 Meter lange stählerne Steffenbachbrücke, die jeweils über Winter abgebaut wird, um sie vor Lawinen zu schützen.

Das Geburtshaus von Bruder Klaus (links) gehört zu den zahlreichen Sehenswürdigkeiten rund um den Heiligen.

32

SCHUTZPATRON UND FRIEDENSVERMITTLER

Die Zelle von Bruder Klaus in Flüeli-Ranft

Der aus Sachseln stammende Offizier, Richter und spätere Eremit Niklaus von Flüe ist als wichtiger Friedensstifter in die Geschichte der früheren Eidgenossenschaft eingegangen. In einem engen Tal hinter dem Dorf Flüeli-Ranft kann man seine Klause noch immer besuchen.

Ort Obere Ranft-Kapelle, Ranft, 6073 Flüeli-Ranft. **GPS** 46.869740, 8.271498
Anfahrt **ÖV:** Ab Bahnhof Sachseln mit Bus 351 bis Endstation Flüeli-Ranft, Dorf.
Auto: Auf Autostraße A8 bis Ausfahrt 35 Sarnen Süd, beim Kreisel erste Ausfahrt und anschließend Flüelistrasse bis Flüeli folgen. Parkplatz im Dorf vorhanden.

Tafel am Haus, in dem Bruder Klaus bis zu seinem Gang in die Einsamkeit lebte.

BLUTTAT AM SEEUFER Niklaus von Flüe ist der bekannteste Heilige der Schweiz. Zahlreiche Skulpturen, Gemälde, Romane, Theaterstücke und ganze Oratorien sind seinem religiösen Streben gewidmet. Bis in die Eingangshalle des Bundeshauses hat es der knorrige Mann mit der braunen Kutte und dem zerzausten Bart geschafft. Dort steht er in Form einer Statue als einzig historisch verbürgte Person neben mythischen Figuren wie den Drei Eidgenossen, der Stauffacherin oder Wilhelm Tell und prägt den politischen Diskurs bis heute.

DER WEG DES HEILIGEN Niklaus von Flüe wurde 1417 im Dorf Flüeli oberhalb von Sachseln als Sohn einer wohlhabenden Bauernfamilie geboren. Schon als kleiner Junge musste er seinem Vater auf dem Feld helfen. Mit 16 Jahren trat er ins Militär ein, zog in den Krieg gegen Zürich und stieg dank seiner Fähigkeiten und seines Charismas rasch zum Offizier auf. Auch nach der Rückkehr schenkten ihm die Mitmenschen Vertrauen. Obwohl von Flüe nie lesen und schreiben gelernt hatte, wurde er zum Richter seiner Gemeinde und zum Ratsherrn des Kantons gewählt. Mit 29 Jahren heiratete er die halb so alte Dorothea Wyss, mit der er fünf Söhne und fünf Töchter hatte. Trotz des Erfolges wurde von Flüe nicht glücklich und schlitterte in eine tiefe Sinnkrise. Er konnte kaum mehr schlafen, hatte Mühe, sich auf die Arbeit zu konzentrieren, und begann immer mehr zu beten. Sein seelisches Leiden wurde auch nicht besser, als er nach seinem 48. Geburtstag beschloss, alle öffentlichen Ämter niederzulegen. Am 16. Oktober 1467 verließ er seine Familie, um auf Wanderschaft zu gehen. Den Hof übernahmen die inzwischen erwachsenen Kinder. Weit kam er nicht. In Liestal zwang ihn eine Vision zum Umkehren. Sein Platz, das spürte er immer deutlicher, war im Ranft, einer nur wenige Minuten von seiner Familie entfernten Schlucht. Hier verbrachte er die letzten 20 Jahre seines Lebens in einer Zelle, verzichtete auf Essen und Trinken und nannte sich fortan Bruder Klaus.

DIE SCHÜTZENDE HAND Schon zu Lebzeiten erlangte der Einsiedler eine große Popularität. Seine Visionen machen ihn weitherum bekannt, auch weil der Papst seine Kapelle zur Pilgerstätte auf dem Weg nach Santiago de Compostela erklärte. Als eines seiner größten Verdienste gilt sein Beitrag beim schwelenden Konflikt zwischen den Stadt- und Landorten. Auf der Tagsatzung in Stans 1481 stritt man nicht nur über die Aufteilung der Beute aus den Burgunderkriegen, sondern auch über die fragile Machtbalance, die mit der Aufnahme von Fribourg und Solothurn in den Bund zu kippen drohte. In der Nacht machte sich der Pfarrer von Stans zu Bruder Klaus auf und bat ihn um Rat. Was Klaus diesem genau sagte, ist nicht überliefert. Doch nachdem die Ratsherren seine Botschaft hörten, konnten sie sich auf das Stanser Verkommnis einigen, das Risiko eines Bürgerkriegs war vorerst gebannt. Fast ein halbes Jahrtausend später wurde Bruder Klaus seinem Ruf als Schutzpatron der Schweiz noch einmal gerecht. Als die deut-

↓ Blick in den Ranft, wo sich die Klause des Heiligen befindet
↘ Eine Skulptur des bekanntesten Einwohners von Flüeli-Ranft

Nur wenige Minuten dauert die Wanderung vom Dorf zur ehemaligen Klause.

sche Wehrmacht am 10. Mai 1940 ohne Vorwarnung die Benelux-Staaten und Frankreich angriff, sahen mehrere Leute in der Nähe von Liestal eine riesengroße, leuchtende Hand im Himmel – die schützende Hand vom Bruder Klaus. 1947 wurde er heiliggesprochen.

HAUS UND KAPELLE Niklaus von Flüe ist auch über 500 Jahre nach seinem Tod in seinem Dorf präsent. Sowohl sein Geburtshaus wie auch das Haus, das er 20 Jahre lang mit seiner Familie bewohnte, stehen noch immer und wurden in den Zustand zurückversetzt, den sie zu seinen Lebzeiten hatte. Auch die Zelle, in der Bruder Klaus sein Einsiedlerleben verbrachte, entspricht noch weitgehend dem Originalzustand, auch wenn die angehängte Obere Ranftkapelle Ende des 17. Jahrhunderts wegen Hangdruck ersetzt werden musste. Der Bruderklausenweg führt vom Stanser Bahnhof über Flüeli-Ranft nach Sachseln und folgt dem Weg, den der Stanser Pfarrer in der Nacht vom 21./22. Dezember 1481 unternahm, um dem Rat die Friedensbotschaft von Bruder Klaus zu übermitteln.

Das besondere Erlebnis

Die eigene Mitte finden kann man in der Gemeinde Sachseln auch auf eine andere Weise. Wenige Kilometer südlich von Bruders Klaus Zelle befindet sich der geografische Mittelpunkt der Schweiz. Das ist der Punkt, wo man eine Nadel ansetzen müsste, um das Land auszubalancieren. Da sich der Flächenschwerpunkt auf einer schwer zugänglichen Felswand befindet, wurde der Gedenkstein rund 500 Meter südöstlich an einem landschaftlich attraktiven Ort fixiert, der zu zahlreichen Wanderungen anregt.

33

BOMBEN, BIBEL UND STRASSENBAU

Das Gasterntal

Einst wichtig für den Nordsüdtransit ist das Gasterntal heute ein wilder, weitgehend vergessener Ort. Verantwortlich für den Niedergang ist der Widerstand des Wallis gegen den Bau einer Passstraße vor über 300 Jahren.

Ort Gasterntal, 3718 Kandersteg. **GPS** 46.463638, 7.662662.
Anfahrt **ÖV:** Mit Zug bis Bahnhof Kandersteg, im Bus 240 ins Gasterntal. Reservation erforderlich: 033 671 11 72. **Auto:** Via Spiez Richtung Kandersteg. Hinter Dorf Bezahlschranke (nur Bargeld!) für Gasternstrasse. Achtung: Einbahnverkehr.

Allein die Anreise auf der abenteuerlich engen Bergstraße ist einen Besuch des Gasterntals wert.

Entlang der wilden Kander kann man wunderbare Spaziergänge unternehmen.

EXPLOSIONEN IM ALPENPARADIES Ein lauter Knall, die Erde bebt, Splitter fliegen durch die Luft, Stahlwände verbiegen sich. Es dauert eine Weile, bis das Dröhnen im engen Tal verklungen ist. Kurz darauf folgt die nächste Explosion. Wir schreiben das Jahr 1952, später Oktober. Kurz zuvor hat die Schweiz an der Urne beschlossen, dass jeder Bürger über einen Luftschutzraum verfügen muss. Nun hat die Abteilung für Luftschutz zusammen mit der Eidgenössischen Materialprüfungsanstalt die Aufgabe, sicherere Bunker zu entwickeln. Dafür bauen sie im unteren Gasterntal, direkt unter den Felsen des Balmhorns, eine halbkreisförmige Versuchsanlage auf, in der bis zu tausend Kilo schwere Bomben gezündet werden können. Bereits nach wenigen Wochen ist wieder Schluss. Die Episode wäre an sich kaum erwähnenswert – hätten in der dicht besiedelten Schweiz Tests mit so starken Detonationen nicht einen absoluten Seltenheitswert. Dass sie überhaupt durchgeführt werden konnten, hängt auch damit zusammen, dass man mit dem Gasterntal eine weitgehend menschenleere und leicht abzuriegelnde Gegend gefunden hat. Von der Versuchsanlage ist 70 Jahre später nichts mehr zu sehen. Die Frage aber bleibt: Wie wurde aus dem bedeutenden Transittal, das das Gasterntal einmal war, jener vergessene Ort, der sogar Platz für Sprengversuche bot?

PROSPERIERENDER ALPENPASS Das Gasterntal dient schon seit Urzeiten als Zugang zum Lötschenpass. Pfeilfunde belegen,

↑ Kunstwerk in Selden: zwei Wanderer auf einer Brücke
↗ Alte Anlage zum Sieben von Kies

dass die Route spätestens seit der Spätsteinzeit begangen wurde. Bis zum Mittelalter entwickelte sie sich nach und nach zu einer wichtigen Nord-Süd-Verbindung. Weil der Auf- und Abstieg zu Fuß nicht an einem Tag zu schaffen waren, verbrachten viele Reisende eine Nacht im oberen Talabschnitt im Dorf Selden. Daher stammt auch der Name des Tals: »Gastern« bedeutet im heimischen Dialekt schlicht »übernachten«. Über die Jahre gab es immer wieder Bestrebungen, die alten Saumpfade auszubauen und zu verbreitern. Zu den wichtigsten gehört die gemeinsame Initiative des bernischen Hauptmanns Abraham von Graffenried und Ulrich Thomann, dem Landvogt von Aigle. Sie gaben 1698 den Befehl, eine Straße über den Pass zu bauen. Als diese beinahe die Grenze zum Wallis erreicht hat, kommt es zum Eklat. Das Wallis verweigert das Wegerecht. Grund sind wohl die blutigen Kämpfe im 14. und 15. Jahrhundert in der Nähe der Passhöhe. Das Projekt wird aufgegeben, die bereits fertiggestellten Teile der Straße verfallen, Reste der Grafenriedschen Strasse sind aber bis heute zu erkennen.

DIE SIEBEN KILO BIBEL Während des Baus der Passstraße besuchte der Buchdrucker Gabriel Thomann seinen Vetter, den bereits erwähnten Ulrich Thomann. Er hatte soeben Bibeln in einer Übersetzung des Gelehrten Johannes Piscator hergestellt. Als ihm klar wurde, wie schwierig es für die Menschen in dem im Winter oft monatelang von Lawinen verschütteten Tal war, einen Gottesdienst zu besuchen, beschloss er kurzerhand, ihnen ein Exemplar zu schenken. Bedingung war allerdings, dass das sieben Kilo schwere und 40 Zentimeter hohe Buch jeweils vom ältesten Talbewohner aufbewahrt wird. Diese Tradition hat sich bis heute erhalten. Aktuell ist die Gasternbibel bei Christian Künzi, dem Betreiber des Hotel Steinbock. Wer sich frühzeitig anmeldet und zufällig eine wenig geschäftige Zeit erwischt, darf mit etwas

Glück sogar im Buch von 1696 blättern. Weniger kompliziert ist es jeweils am ersten Sonntag im August, einen Blick auf die Bibel zu erhaschen. Dann nämlich wird bei der jährlichen Bergpredigt aus ihr vorgelesen.

VERPASSTE CHANCE? Den Abstieg des Tals konnte die Bibel allerdings nicht verhindern. Nachdem die Straße über den Lötschenpass vom Tisch war, entschied man sich stattdessen für einen Neubau der Route über den Gemmipass. Als der einfachere und vor allem auch direktere Weg 1739 aufging, sank die Nachfrage nach Unterkünften im Gasterntal rapide. Das hatte Folgen. Die schwindenden Verdienstmöglichkeiten zwangen immer mehr Bewohner, das Tal zu verlassen. Heute leben zwischen März und November noch etwa 15 Menschen im Tal, die vor allem Dienstleistungen für Wanderer anbieten. Denn das wildeste Tal der Schweiz hat sich mittlerweile in ein regelrechtes Wanderparadies entwickelt. Nicht ganz ohne Grund. Das Abenteuer beginnt nämlich bereits bei der Anreise. Um das Tal zu erreichen, muss sich der Bus durch eine enge, in den Felsen gehauene Straße zwängen. Weil Kreuzen aussichtslos ist, ist sie richtungsabhängig jeweils nur während 20 Minuten pro Stunde befahrbar. Ein Abtauchen in die Vergangenheit ermöglicht das Hotel Waldhaus. Der schöne Holzbau kommt nämlich komplett ohne elektrischen Strom aus. Gegessen wird, wie vor Hunderten Jahren, im Kerzenlicht, gekocht über einem Feuerofen.

Das besondere Erlebnis

Über ein außergewöhnliches Naturwunder kann man im oberen Bereich des Tals staunen. Dort hat die Natur mit einer verblüffenden Detailgenauigkeit das Gesicht eines jungen Mannes in den Felsen gezeichnet. Mit strenger Miene blickt er über das Tal und – das zu hoffen ist man wenigstens geneigt – beschützt die Wanderer. Das Gasterngesicht findet man am leichtesten, wenn man auf dem Talweg von Selden rund einen Kilometer abwärts bis zu einem Forstweg wandert, der rechter Hand in die Höhe führt. Vom kleinen Wegweiser hier sind es noch etwa 5 Minuten, bis man eine Sitzbank mit Blick auf das Gesicht erreicht.

Das Gasterngesicht gehört zu den ungewöhnlichsten Natursehenswürdigkeiten des Tals.

Schädelwand im Beinhaus Leuk (Kapitel 5)

Verlassener Grenzposten
an der italienisch-schweizerischen Grenze (Kapitel 14)

REGISTER

ISBN 978-3-7343-2327-0

IMPRESSUM

Verantwortlich: Claudia Hohdorf
Lektorat: Tobias Keil
Korrektorat: Christiane Gsänger
Layout: BUCHFLINK Rüdiger Wagner
Covergestaltung: Anna Katavic
Layout- und Reihengestaltung: Mathias Frisch
Kartografie: Bruckmann Verlag GmbH, Heidi Schmalfuß
Repro: LUDWIG:media
Herstellung: Alexander Knoll
Printed in Poland by CGS Printing

Sind Sie mit diesem Titel zufrieden? Dann würden wir uns über Ihre Weiterempfehlung freuen.
Erzählen Sie es im Freundeskreis, berichten Sie Ihrem Buchhändler, oder bewerten Sie bei Onlinekauf.
Und wenn Sie Kritik, Korrekturen, Aktualisierungen haben, freuen wir uns über Ihre Nachricht an Bruckmann Verlag, Postfach 40 02 09, D-80702 München oder per E-Mail an lektorat@verlagshaus.de.

Unser komplettes Programm finden Sie unter www.bruckmann.de

Alle Angaben dieses Werkes wurden von Oliver Zwahlen sorgfältig recherchiert und auf den neuesten Stand gebracht sowie vom Verlag geprüft. Für die Richtigkeit der Angaben kann jedoch keine Haftung übernommen werden, weshalb die Nutzung auf eigene Gefahr erfolgt. Insbesondere bei GPS-Daten können Abweichungen nicht ausgeschlossen werden. Sollte dieses Werk Links auf Webseiten Dritter enthalten, so machen wir uns die Inhalte nicht zu eigen und übernehmen für die Inhalte keine Haftung.
In diesem Buch wird aus Gründen der besseren Lesbarkeit das generische Maskulinum verwendet. Weibliche und anderweitige Geschlechteridentitäten werden dabei ausdrücklich mitgemeint, soweit es für die Aussage erforderlich ist.

Empfehlung der Redaktion Sie sind auf der Suche nach weiterführender Literatur? Dann empfehlen wir Ihnen den Titel »Lost & Dark Places Deutschland«.

Bildnachweis Alle Bilder stammen von Oliver Zwahlen mit Ausnahme von:
Shutterstock: S. 87 (Dmytro Amanzholov); Wikimedia Commons: S. 42 (Gianluca Miscione), 113 (ETHBibliothek/Leo Wehrli: Säntis, Observatorium im Winter, Kolorierung des Dias durch Margrit Wehrli-Frey)

Umschlagvorderseite: Sanatorio del Gottardo (Kapitel 10)
Umschlagrückseite: Beinhaus Leuk (Kapitel 5)

Die Deutsche Nationalbibliothek verzeichnet diese Publikation in der Deutschen Nationalbibliografie; detaillierte bibliografische Daten sind im Internet über http://dnb.d-nb.de abrufbar.

ISBN 978-3-7343-2542-7